历史思维
能力研究

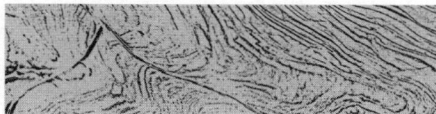

张汉林◎著

北京师范大学出版集团
BEIJING NORMAL UNIVERSITY PUBLISHING GROUP
北京师范大学出版社

图书在版编目(CIP)数据

历史思维能力研究 / 张汉林著. —北京：北京师范大学出版社，2023.3(2024.9 重印)
ISBN 978-7-303-28845-8

Ⅰ. ①历…　Ⅱ. ①张…　Ⅲ. ①中学历史课－教学研究
Ⅳ. ①G633.512

中国版本图书馆 CIP 数据核字(2023)第 016020 号

出版发行：北京师范大学出版社 www.bnupg.com
　　　　　北京市西城区新街口外大街 12-3 号
　　　　　邮政编码：100088
印　　刷：北京溢漾印刷有限公司
经　　销：全国新华书店
开　　本：710 mm×1000 mm　1/16
印　　张：11
字　　数：160 千字
版　　次：2023 年 3 月第 1 版
印　　次：2024 年 9 月第 3 次印刷
定　　价：42.00 元

策划编辑：徐　杰　　　　责任编辑：徐　杰
美术编辑：姚昕彤　　　　装帧设计：汉风唐韵
责任校对：段立超　陈　民　　责任印制：李汝星

自　序

任何学科都有自己的思维方式。"对于一门学科来说，没有什么比思维方式这个问题更为重要了。"①历史学科之特性，不在于它讲述的是过去的故事，而在于它以特有的思维方式讲述过去的故事。历史学家区别于他人之处，不仅在于他是历史知识的生产者，还在于他拥有深邃敏锐的历史思维。没有历史思维发挥作用，就不可能有历史知识的生产。因此，历史思维被内在地包含于历史学科的特性中，是历史研究和历史教育不可或缺的东西。

历史思维反映历史教育的本质。没有历史思维，历史教育就会沦为单纯的历史知识灌输活动，从而丧失人文教育的本质。历史知识是关于过去的，是对既往经验的总结；而历史思维却是面向未来的，要解决将来的未定问题。对于一般人而言，离开历史课堂之后，历史知识会逐渐被淡忘；而历史思维的习得，却能陪伴学习者终身。个体如何思维，决定了他是怎样的人，以及要过怎样的生活，历史思维之于学生的重要意义自不待言。故此，20 世纪 70 年代以来，历史思维及其能力的养成逐渐成为世界各国历史教育的主流，历史思维及历史思维能力的研究也开始成为历史教育研究的基本命题。

历史思维是历史学家的基本气质，在历史学家工作的每个环节都有所体现，其习得途径是大学的专业教育。而作为基础教育的组成部分，历史课的任务是面向所有学生进行基本的历史教育，包括历史思维的教育。学生的历史思维不是天生的，其养成需要特别的强调和训练，所以

---

① ［美］杰罗姆·布鲁纳：《教学论》，姚梅林、郭安译，136 页，北京，中国轻工业出版社，2008。

历史思维的"能力化"是必须的。历史思维关乎问题与品质，历史思维能力关乎活动与行为，学生的历史思维是通过历史思维能力的训练而得以涵养的。脱离历史思维能力去谈学生的历史思维，容易陷入凌空蹈虚的境地。只有扎扎实实地培养历史思维能力，才能完成陶冶学生历史思维的任务。

历史思维能力之所以如此重要，是由历史教育的公民教育属性所决定的。历史教育是面向全体学生的，旨在健全学生的人格、为社会培养合格的公民，而非对学生进行专业的历史学教育，让学生将来从事历史研究。故此，历史教育特别重视学生历史思维能力的培养，学生在学习如何甄别各种信息、合理论证自己观点的过程中，涵养批判性思考的气质，做一个见多识广、富有思考力和行动力的良善公民。正因为如此，只有注重历史思维能力的历史教育，才能承担起公民教育的重任。

培养历史思维能力是历史教育的核心任务，涉及历史教育工作的各个领域。历史思维能力是历史课程标准的灵魂①，是衡量历史教科书质量的重要尺度，是历史教学的关键目标，是量度历史教师专业水平的主要标准②。总之，历史思维能力纵贯历史教育工作的各个领域，是历史教育中牵一发而动全身的核心课题。历史思维能力研究的进展，能有效推动历史教育各项工作的发展。本书在调查研究和文献研究的基础上，提出了历史思维能力的理论模型，指出了培养历史思维能力的原则、途径和方法，旨在直接推动历史思维能力的教学，对历史教育其他工作领域（如历史课程标准制定、历史教科书编撰和历史教师培训）的人员能有一定的启发。

当前我国历史教育正在发生重大变化，要求把培养核心素养作为主

① 典型的如美国国家历史课程标准、德国北莱茵-威斯特法伦州历史课程标准、加拿大曼尼巴托省和安大略省的社会科（或历史科）课程标准，参见赵亚夫主编：《国外历史课程标准评介》，2005 年和 2017 年版，分别由人民教育出版社和北京师范大学出版社出版。

② 美国历史协会、美国历史学家组织和美国国家社会科委员会 2002 年共同发布了一个文件，其中含历史教师的历史思维基准。参见郑流爱译：《（美国）历史学科教学的专业发展基准》，载《历史教学》，2004(12)。

要任务。所谓核心素养，是指"学生通过学科学习而逐渐形成的正确价值观、必备品格和关键能力"①。历史学科的关键能力，应该是指历史思维能力，因为历史学科能力的本质属性是由历史思维能力规定的②。因此，在当前历史课程改革的背景下，历史思维能力研究增添了一份特殊的意义。历史课程标准的研制属于政策研究，本书属于学术研究，应该保持独立性和前瞻性。因此，课程标准的颁布并不意味着学术研究的终结，这意味着学术研究站在了一个新的起点上；而学术研究的进展，又会为政策研究和学校教育提供理论和技术上的支持。故此，本书的又一期望，是为人们理解历史学科核心素养提供新的视角。

　　是为序。

---

　　① 中华人民共和国教育部：《普通高中历史课程标准（2017 年版 2020 年修订）》，4 页，北京，人民教育出版社，2020。

　　② 从认识心理学的角度来讲，能力包括注意力、记忆力、观察力、思维力等。历史学科能力区别于其他学科能力的，不在于记忆力、注意力、观察力，而在于富有历史学科特色的思维力。因此，历史学科能力的本质属性是由历史思维能力规定的。

目　录

第一章 历史思维与历史思维能力

历史思维和历史思维能力是一对既密切相关又有显著差异的概念。历史思维是历史哲学的核心概念，历史思维能力则是历史教育学的核心概念。历史思维是历史思维能力的理论渊源，历史思维能力是历史思维的教育化。

第一节 历史思维的内涵与特征

历史思维是"历史认识论领域中最根本的问题"①。以往学者关注历史思维有两种路径，一种是史学史的视角，一种是历史哲学的视角。前者倾向于运用归纳的方法来定义历史思维，认为历史思维具有时代性或民族性。有的学者认为"历史思维是历史编撰学中表现出来的思想"，而历史编撰则因时代而异，故"每一个时代都有它的历史理论或历史思维"②。这强调的是历史思维的时代性。有的学者认为，历史思维"总是在一定的民族历史及历史文化背景下形成的，从而体现出历史观的民族特性"③。这强调的是历史思维的民族性。英国历史学家彼得·伯克(Peter Burke)也强调历史思维的民族文化属性，他曾列举西方"历史思想"(Historical Thinking)的十大特点④，所谓"历史思想"，即历史思维。这种含义的历史思维强调的是历史思维的特殊性，因时代与民族而异。后者则运用思辨的方法，着眼的是历史思维区别于其他种类思维的

---

① 陈新：《历史认识：从现代到后现代》，1页，北京，北京大学出版社，2010。

② 朱本源：《历史学理论与方法》(修订本)，165～167页，北京，人民出版社，2012。

③ 吴怀祺：《历史观、历史思维与安邦兴邦》，载《史学史研究》，2007(2)。

④ [英]彼得·伯克：《全球视野中的西方历史思想——十个命题》，见[德]约恩·吕森主编：《跨文化的争论：东西方名家论西方历史思想》，陈恒、张志平等译，15～32页，济南，山东大学出版社，2009。

本质特征。柯林武德(Collingwood)认为"历史哲学就是对历史思维的研究"①，历史思维的基本特征是"科学的""人文主义的""合理的""自我显示的"②。这种含义的历史思维假定有一种理想的、普遍的历史思维模式，强调的是历史思维的一般性。约恩·吕森(Jörn Rüsen)认为，东西方历史思维固然存在一定的区别，但其共性远大于其差异性，"西方与中国在他们的历史文化中，共同分享着历史意义生成的案例模式的逻辑普遍性"③。该文旨在研究历史思维的基础上，提出普遍适用的历史思维能力体系，故关注的是历史思维的一般属性。

历史教育学工作者和史学工作者考察历史思维的目的和对象均有区别。史学研究者考察的是史学工作者的历史思维，其目的是理解史学工作者所从事的工作的特殊性质，探讨历史认识是否可能以及如何可能。历史教育学研究者探讨的是学生的历史思维，即经过历史教育，学生应该学会如何思考历史问题，并能将这种思维方式运用于其生活；他们即使关注史学工作者的历史思维，也只是将其作为手段，最终是为了服务于其对学生历史思维的研究。

历史思维是思维的一种特殊方式，其特殊性就体现在"历史"二字。所谓"历史"，既指思维的对象(即过去)，又指思维的特征(即史学)。从历史思维的第一层次含义来讲，无论是史学工作者，还是公众(含中学生)，都有看待历史的某种程式④，即历史思维。史学工作者的历史思维和公众的历史思维在学术上的价值并无高低之分。史学工作者通过历史思维生产历史知识，其学术成果必须经由公众的历史思维才能对社会产生广泛的影响，公众的历史思维决定了历史知识在社会上的实际效

---

① ［英］柯林武德：《历史的观念》，何兆武、张文杰译，186 页，北京，商务印书馆，1997。

② 原文写的是"历史学的特点"，但从其内容来看，亦是历史思维的特点。参见［英］柯林武德：《历史的观念》，何兆武、张文杰译，49 页，北京，商务印书馆，1997。

③ ［德］约恩·吕森：《跨越文化的界限：如何理解中国与西方的历史思维？》，载《史学理论研究》，2013(2)。

④ 故有"人人都是他自己的历史学家"的说法。参见［美］卡尔·贝克尔：《人人都是他自己的历史学家：论历史与政治》，马万利译，564 页，北京，北京大学出版社，2013。

用。故此，对公众的历史思维绝不可置之不理。以往学术界往往重视前者而忽视后者，近年来，随着公共史学（public history）的兴起，公众的历史思维才开始逐渐进入学者的视野，有广阔的研究空间。从历史思维的第二层次含义来讲，史学工作者的历史思维才是典型的历史思维，而公众的历史思维是非典型的历史思维，有的甚至是反历史思维。公众的非典型历史思维或反历史思维导致历史知识对社会不起作用甚至起负面作用。故此，历史教育工作者的使命是要改善公众的历史思维，促成学生"像历史学家一样思考"，正如卡尔·贝克尔（Carl L. Becker）所言："纠正普通老百姓对真实发生的事件的神话式改编，使之更趋理性，更适合大众使用。"①

　　此外，历史思维还有静态与动态之分。静态的历史思维是指历史思维方式，即某种相对固定的理论思维模式，史学工作者的历史思维就具有某些相对稳定的特征，如以运用证据、移情理解等为主要方法，以对历史进行有意义的阐释为诉求。动态的历史思维则是指历史思维活动，是指主体在面临特定历史问题时所思考的过程。或者说，前者中的"思维"是名词，后者中的"思维"是动词，与"思考"同义。对于历史教育来说，其职责就是通过引导学生思考各种具体的历史问题，从而形成某种相对固定的理论思维模式，进而指导其日后的生活、工作与学习。

　　历史思维是历史研究领域独特的认识方法，其独特性取决于历史研究对象的特殊性。历史研究的对象是发生在过去的人类的言行，是个别的、特殊的事件。为什么要研究过去的人的言行？认识过去是可能的吗？研究的材料从何而来？如何保证研究的客观性？研究人和物的方法有什么不同吗？为何及如何研究人类个别的、特殊的言行？研究今人的言行与研究过去人的言行的方法有何区别？历史思维的特征就是在回答这些问题的过程中被界定的。

---

① [美]卡尔·贝克尔：《人人都是他自己的历史学家：论历史与政治》，马万利译，210 页，北京，北京大学出版社，2013。

一、历史研究对象的特征

(一)发生在过去

过去如同外邦，作为一门人文学科，历史不同于其他学科的首要特点在于它的研究对象发生在过去。古人的生活处境及相应的思维方式和价值观念与今人大相径庭，这就给研究带来了困难。对于自然科学来说(除极少数学科外)，时间几乎没有意义，因为其研究对象在有限的时间内不会发生变化，故此"历史的"和"自然的"词义相悖，前者表示变化的、后者表示不变的。社会科学则将研究范围主要限定在当下，较少将触角延伸至过去。因为研究对象的时间属性不同，这就造成了研究方法的差异。自然科学的研究对象大多可以在实验室中重现，或者在自然界中被直接观察；社会科学的研究对象也往往可在社会中被直接观察或调查。但是，在历史研究中，过去的事情无法被直接观察，也无法在实验中重现，更无法在现实中重演，只能依据过去留下的痕迹——史料，进行严格的考证、谨慎的推理，乃至合理的想象。

(二)有意识的人类活动

自然科学研究的是自然界中的物，而历史研究的是人类社会中的人。人的行为是有意图的，"历史不过是追求着自己目的的人的活动而已"[①]。人与物的根本区别在于，人是有主体自我意识的存在，"把自己的生命活动本身变成自己意志和自己意识的对象"[②]；而物是没有主体自我意识的存在，只是纯粹客观的事实性存在。在自然科学研究中，人是主体，物质是客体，主体通过解释自然现象来获得控制自然的能力，主体和客体是二元对立的关系。而在历史研究中，人既是认识的主体(研究历史的人)，又是被认识的客体(创造历史的人)，主体和客体不是征服与被征服的关系，而是一种理解与被理解的关系。现实中的人是

---

① 《马克思恩格斯选集》第 2 卷，118～119 页，北京，人民出版社，1957。
② 《马克思恩格斯选集》第 1 卷，46～47 页，北京，人民出版社，1995。

历史性的存在，通过对历史上的人的理解，获得对人性的理解，进而丰富对自身的理解。

(三)个别之事件

与其他学科相比，历史研究对象的另一特点是一次性的、特殊的和个别的，"历史就其个性来说是某种仅出现唯一的一次的东西"①。自然科学和社会科学关注的是普遍的规律，它们也会研究个别之物，但这是服从于对普遍规律的认识的。正如亚里士多德（Aristotle）所言：文学探讨普遍的人性，"诗所描述的事带有普遍性"②；历史则研究人类过去的经验，"叙述个别的事"③。李凯尔特（Rickert）也认为："自然科学只是从个别之物中发现那种可以把个别之物隶属于其下的普遍之物的情况下，才去注意个别之物。"④社会科学同样也是如此，它研究的是各类"现象"，志在发现社会现象背后的规律。历史学虽然也以人类活动为研究对象，但它更重视的是特殊"事件"。历史学的任务是研究"一次性的、特殊的和个别的东西"⑤。它有时也会关注普遍的东西，但正如歌德（Goethe）所言："我们利用普遍的东西，但是我们不喜欢普遍的东西，我们只喜欢个别的东西。"⑥以现代化理论为例，它首先兴起于社会科学领域，后蔓延至历史学领域。社会科学家以各国现代化的历程为经验事实，通过对经验事实的研究，最终是要发现规律，建立起各种理论模型。历史学家则是以现代化理论为工具，加深对某个国家现代化历程中的经验事实的理解。二者的研究方法恰好相反。总之，由于研究对象的差异，自然科学、社会科学和人文科学的兴趣点是不一致的，自然科学

---

① ［德］卡尔·亚斯贝斯：《论历史的意义》，见张文杰编：《历史的话语》，57页，桂林，广西师范大学出版社，2002。

② ［古希腊］亚里士多德：《诗学》，罗念生译，24～26页，北京，人民文学出版社，2002。

③ 同上书，25页。

④ ［德］亨利希·李凯尔特编：《李凯尔特的历史哲学》，涂纪亮译，49页，北京，北京大学出版社，2007。

⑤ 同上书，62页。

⑥ 同上书，62页。

"对所有自然现象进行预言和解释";社会科学"对人类行为和心理状态进行预言和解释";人文科学则"理解人类对各种事件的反应和人们强加于经验的各种意义，这些意义是作为文化、历史时代和个人经历的一种功能"①。

二、历史思维的基本特征

所谓历史思维，不仅指思维的对象是"历史"，还指思维具备"历史"的特征。特征是通过比较才能得出的。选取合适的比较对象，是确定事物特征的必要前提。历史思维的他者是科学思维和社会科学思维。最初，历史思维是以科学思维为他者，通过对他者的认识，从而获得对自我的界定。这是 19 世纪以来德罗伊森（Droysen）、狄尔泰（Dilthey）、文德尔班（Windelband）、李凯尔特等人探讨问题的基本出发点。第二次世界大战以后，历史学又受到社会科学的渗透，社会科学的方法大量进入历史学，这就引起了部分历史学家和历史哲学家的担忧与反弹，他们以社会科学思维为他者，对历史思维进行了重新界定。因此，所谓历史思维，是在与他者的参照中产生的。历史思维既不同于科学思维（以物理学思维为典范），也不同于社会科学思维（如社会学思维），它是历史学科独有的思维方式。

(一)在时序中思考

历史学的首要属性是时间，正如地理学的首要属性是空间一样。正如列维-斯特劳斯（Levi-Strauss）所言："没有日期，就没有历史学……历史学的所有原创性和特殊性就在于理解前后之间的联系。"②值得注意的是，历史学的时间并非仅仅指向过去，实际上，它同时指向过去、现在和将来。

---

① ［美］杰罗姆·凯恩：《三种文化：21 世纪的自然科学、社会科学和人文学科》，王加丰、宋严萍译，3 页，北京，格致出版社，2014。
② ［法］安托万·普罗斯特：《历史学十二讲》，王春华译，88 页，北京，北京大学出版社，2012。

　　历史思维的对象发生在过去，这与其他学科相比是非常不一样的。过去的物质条件和精神环境与现在不同，古人的信仰、价值观和面临的问题与今人有异。故此，今人在思考过去事物的时候，必须要将思维敞开，将其放在当时的历史环境中进行思考，从当时人所处的情境及其所欲解决的问题出发，进行同情的理解与跨时代的对话，而不是以今人之心度古人之腹，弄出"关公战秦琼"的笑话。此外，由于历史是不断发展的，前个阶段的发展结果无可推卸地成为下个阶段人类创造历史的前提。因此，不能孤立地而应发展地分析历史问题，要将历史事物置于时间的序列中进行思考，以寻求历史事物之间的联系，确定该事物在历史脉络中的位置与意义。最后，思维对象的过去性决定了历史思维的间接性。今人在思考过去的时候，无法通过做实验的方式重现过去，也无法对过去展开直接的观察，只能凭借过去留下来的种种痕迹——史料，进行合理的推测与想象，建构出一幅关于过去的图景。

　　历史思维不仅受到过去的制约，还会受到当下的影响。主体在思维时，过去和现在是携手而来的，难分先后。虽然历史研究的是一次性的、特殊的和个别的东西，但并非是琐碎的、无意义的个别事物。这些个别事物之所以能进入历史研究者的视野，是因为研究者对其"感兴趣"，或者认为其"有意义"或"很重要"。而历史思维的主体之所以对某种过去感兴趣，并非纯粹出自所谓的"思古之幽情"。"思古"多半是因为"抚今"，历史思维的主体生活在当下，他在思考过去的时候，不可避免地会将当下的情绪感受和价值倾向带到过去，并对思维的结果产生影响。"历史学家是历史的组成部分"[1]，其所处时代与个体秉性不同，导致其历史作品的风格会有较大差异。比如，陈寅恪治史风格沉郁苍凉，与其早年身世和晚年处境是分不开的。科学家在思考科学问题的过程中，虽然也会受到个性的影响，但其个性只会影响到其思考的过程（如快与慢），而不会对认识的结果打上个人的烙印。

――――――――――

　　① ［英］E. H. 卡尔：《历史是什么？》，陈恒译，123 页，北京，商务印书馆，2007。

历史思维的时间还指向未来。历史思维的主体之所以对某种过去感兴趣，不仅是因为当下对他有所触发，更是因为他对未来有所期待。从这个角度讲，他对过去的思考即对未来的筹划。正如汉娜·阿伦特（Hannah Arendt）所言，"竭尽全力返回起源的过去不是把我们往后拉，而是把我们往前推，而未来却使劲把我们往过去驱赶"①。故此，对过去的争夺，其实是在为未来布局。

（二）以理解为中心

自然科学和历史学研究对象的不同，决定了科学思维与历史思维的根本差异。自然现象的发生没有目的性，科学家在研究自然现象时无须考虑其意图。人类的行为均受意图的指使，历史学家在研究历史事件时，必须将其考虑在内。故此，"我们说明自然，我们理解精神生活"②。理解就成为历史学科区别于其他学科的方法论。

作为方法论，理解主要是指移情体验。历史是由人的各种行为交织而成的，既然是人类自己的行为，人就可以理解。而人的行为是在特定意图的支配下产生的，对人的行为的理解就不能仅从纯粹的客观条件着手，而应从人的内部去理解，移情感受他的内心活动。"历史叙述不是查明做出行为的原因（cause），而是具体说明行为的理由（reason）。"③要查明他做事的理由，就不能不置身他的处境去思考。德罗伊森做出了一个形象的比喻："理解的行为，正如上述是一定条件下的直觉，正好像一个心灵潜入到另外一个心灵一样；它也正好像交配受孕一样，具有无限的创造力。"④狄尔泰也认为，理解的具体方法是移情，"是通过移情

---

① ［美］汉娜·阿伦特：《过去与未来之间》，王寅丽、张立立译，8 页，南京，译林出版社，2011。
② ［德］狄尔泰：《关于描述和分析的心理学的观念》，转引自［德］斯特凡·约尔丹主编：《历史学科基本概念辞典》，孟钟捷译，278 页，北京，北京大学出版社，2012。
③ ［韩］宋相宪：《历史教育的本质》，载《中学历史教学参考》，2017(12)。
④ ［德］德罗伊森：《历史知识理论》，胡昌智译，11 页，北京，北京大学出版社，2006。

对这种状态的重新发现"①。当然，移情不等于要把自己变为历史人物；实际上，我们也永远无法将自己变为他人。恰恰相反，我们设身处地，是通过自我与他者（历史人物）的比较，发现他者的个性。正如伽达默尔（Gadamer）所言："我们必须也把自身一起带到这个其他的处境中。只有这样，才实现了自身置入的意义。例如，如果我们把自己置身于某个他人的处境中，那么我们就会理解他，这也就是说，通过我们把自己置入他的处境中，他人的质性，以及他人的不可消解的个性才被意识到。"②

理解不仅具有方法论的意义，还具有本体论的意义。人作为一种社会性动物，之所以能够在世界上生存，就是因为他能够理解世界上的各种符号，能够理解人类的各种行为，否则他就难以适应社会，无法生存下去。海德格尔（Heidegger）指出："'我在故我思'——人能够理解和认识之前，就已被抛入了这个世界之中，即此在是一种不得不存在，按照它本来的存在方式，此在一向已经'在外'，而这种存在又是通过理解得以展开的，换言之，理解是人的存在方式。"③人在存在中理解，人在理解中更好地存在。日常世界中的人，受其时代、地域、族群、家庭、职业、信仰等因素的限制，其生活范围是有局限的，这导致其个性发展受到限制。但是，历史世界是极为丰富和复杂的，形形色色的人与事，大部分是我们在现实世界中所无法遇到的。而且，真实的历史往往会比小说还要精彩，更富戏剧性。故此，对历史的理解给人"打开一个日常生活中所缺乏的种种可能性的崭新天地"④，使他的个性得以完善，并为适应将来世界的变化做准备。对于历史教育来说，本体论意义的理解比方法论意义的理解更有意义。因为学生将来并不一定

---

① ［德］威廉·狄尔泰：《历史中的意义》，艾彦译，19页，南京，译林出版社，2014。

② ［德］汉斯-格奥尔格·伽达默尔：《诠释学Ⅰ：真理与方法》，洪汉鼎译，431页，北京，商务印书馆，2013。

③ ［德］马丁·海德格尔：《存在与时间》，陈嘉映、王庆节合译，熊伟校，77页，北京，生活·读书·新知三联书店，1987。

④ ［德］威廉·狄尔泰：《对他人及其生活表现的理解》，见张文杰编：《历史的话语》，11页，桂林，广西师范大学出版社，2002。

从事历史研究，但每个人都得通过更好地理解世界，来获得更好的生活。

在历史学中，理解和解释在本质上是一回事，解释的核心内容是分析因果关系。自然科学的研究方法是解释，科学家以解释自然现象为他们的志向，通过对事物之间普遍的、必然的联系的揭示，人类掌握了征服和利用自然的钥匙。这种意义的解释当然不属于历史学。然而，分析历史事物之间的因果关系同样是历史学的重要任务，只不过历史学的解释不是科学意义上的那种解释而已。准确来讲，历史研究中的解释应该叫"历史解释"。而所谓历史解释，一是指对历史的解释，二是指具有历史学科特征的解释。第一种含义是指历史学家的工作，而非方法；第二种含义是指具有历史学科特色的工作方法，而理解就是"同其他学科的比较中最应该被识别出来的历史学科的特性"①。也就是说，历史学家是通过理解的方式对历史进行解释的；能够被理解的行为，"既是合意向性的，又是合因果律的"②。正如伽达默尔所言，"一切理解都是解释""理解的进行方式就是解释"。③ 但与此同时，"解释是理解的表现形式"④"解释是潜在地包含于理解过程中。解释只是使理解得到明显的证明"⑤。

历史解释与科学解释虽然都要寻求因果关系，但二者存在着重要的区别。其一，科学解释只需要说明因果关系、发现规律，不涉及意义问题。历史解释不仅要说明因果关系，而且要阐释意义，正像德罗伊森所言："解释是将呈现在眼前的事赋予意义。"⑥其二，历史解释的主要方

---

① ［德］斯特凡·约尔丹主编：《历史学科基本概念辞典》，孟钟捷译，278 页，北京，北京大学出版社，2012。

② ［德］马克斯·韦伯：《社会学的基本概念》，胡景北译，12 页，上海，上海人民出版社，2000。

③ ［德］汉斯-格奥尔格·伽达默尔：《诠释学Ⅰ：真理与方法》，洪汉鼎译，547 页，北京，商务印书馆，2013。

④ 同上书，435 页。

⑤ 同上书，560 页。

⑥ ［德］德罗伊森：《历史知识理论》，胡昌智译，33 页，北京，北京大学出版社，2006。

法是理解，理解不仅是对历史人物个体心理的理解，更是对其所在的"道德群体"的观念的理解①；科学解释的主要方法是实验、观察，然后用"覆盖率"去解释。所谓覆盖率，是卡尔·亨普尔（Carl Hempel）提出来的，是指"对一个现象的解释在于把现象纳入普遍经验规律之下"②。其三，在自然科学的解释中，因果关系是普遍的、必然的，只要具备了一定的初始条件，在普遍规律的作用下，被解释的事物就会发生。而历史研究的是个别的、特殊的事物。因此，如果说历史事物之间有因果关系，其联系也是具体的、或然的。其四，在自然科学中，解释和预见是同构的，能够解释就意味着能够预测。自然科学正是通过解释和预测的同构性，在认识世界的同时，发挥着改造世界的作用。在历史学中，解释是为了促进更好地理解③。历史学虽然也会利用某些法则、规律、原理，"然而一般的东西对于历史来说仅仅是手段，是为了增进对个别的历史事物的理解"④。

（三）以自知为目的

"思维是人与事物打交道的一种方式，是参与现实生活世界及其历史发展的一种方式，而不是超离于对象事物之外的冷眼旁观。"⑤如此，历史思维就是人与历史打交道的一种方式，是人参与历史的一种方式。除思维之外，人还可以通过行动与现实世界打交道；但与历史世界打交道，唯有思维这种方式。

人经由思维与历史打交道，不是"主体—客体"二元对峙，而是人参

---

① ［德］德罗伊森：《历史知识理论》，胡昌智译，36～51 页，北京，北京大学出版社，2006。

② ［德］卡尔·亨普尔：《普遍规律在历史中的作用》，见［英］汤因比等：《历史的话语》，张文杰编，322 页，桂林，广西师范大学出版社，2002。

③ Gallie：*historical Understanding*，转引自周建漳：《历史哲学》，163 页，北京，北京大学出版社，2015。

④ ［德］亨利希·李凯尔特：《历史上的个体》，见［英］汤因比：《历史的话语》，张文杰编，19 页，桂林，广西师范大学出版社，2002。

⑤ 程彪、杨魁森：《思的事情——历史思维方式初探》，27 页，长春，吉林人民出版社，2014。

与到历史之中，去理解历史。按照伽达默尔的说法，"理解按其本性乃是一种效果历史事件"①，是理解者与历史文本（被理解者）共同参与的、在理解中互相影响的行为。"真正的历史对象根本就不是对象，而是自己和他者的统一体，或一种关系，在这种关系中同时存在着历史的实在和历史理解的实在。"②在理解这种行为中，有被理解者，亦有理解者，二者是一体的。理解是理解者的理解，是理解者对于自己与被理解者关系的理解。故此，"历史理解的真正对象不是事件，而是事件的'意义'"③。历史理解并非要去获取关于历史的纯粹的客观的知识，而在于获得历史对于今人的意义的认识。也就是说，历史思维的落脚点在于对思维者的意义而非其他。

历史世界不同于作为纯粹事实存在的自然界，它是充满目的、意义和价值的人文领域。故此，历史思维不仅要对材料进行归纳与演绎，更要对古人的言行进行体验、想象和移情。唯此，思维者才能感受人性之丰富与复杂，反思人之所以为人的关键。他者即自我。历史就是这样的他者，古人就是这样的他者，借由他者，人类认识了自我。正如狄尔泰所言："人只有通过历史才能认识自己。"④

三、历史思维与批判性思维

批判性思维是与历史思维关系十分密切的一个概念，主要在教育领域流行。所谓批判性思维，学术界并无统一的定义。美国批判性思维运动开拓者之一的恩尼斯（Ennis）认为，"批判性思维是为决定相信什么或做什么而进行的合理的、反省的思维"⑤。"德尔菲法"（Delphi Method）

---

① ② ［德］汉斯-格奥尔格·伽达默尔：《诠释学Ⅰ：真理与方法》，洪汉鼎译，424页，北京，商务印书馆，2013。

③ 同上书，465页。

④ ［德］威廉·狄尔泰：《历史中的意义》，艾彦译，88～89页，南京，译林出版社，2014。

⑤ Robert H. Ennis：*A Concept of Critical Thinking：a Proposed Basis for Research in the Teaching and Evaluation of Critical Thinking Ability*，转引自于勇、高珊：《美国大学生批判性思维培养模式及启示》，载《现代大学教育》，2017(4)。

项目①认为，批判性思维是"有目的、自我监督的判断，其结果是解读、分析、评价和推断以及对判断所依据的证据、概念、方法、标准和语境的解释"②。美国批判性思维国家高层理事会主席理查德·保罗（Richard Paul）认为，批判性思维是一种有目的的思维方式。在批判性思维中，思考者可以系统地、习惯性地使用各种思维特质，控制思维的结构，使用思维标准来检验思维，不断提高思维的质量③。虽然定义各不相同，但总的来讲，都认可批判性思维是有目的的思维，通过对思维过程的反省和监督来优化思维质量。

（一）批判性思维是教育的重要目标

关注批判性思维是当今世界教育发展的重要趋势。2015 年 11 月，联合国教科文组织举行第 38 次大会，最终发布了教育 2030 行动框架，提出"'教育 2030'将确保所有人打下扎实的知识基础，发展创造性及批判性思维和协作能力，培养好奇心、勇气及毅力"④。

在发展批判性思维方面，西方发达国家走在了前面。在美国，批判性思维已经成为学校教育的重要目标。20 世纪 90 年代后，批判性思维教育在美国高校获得了普遍认可和大力推广，由个别大学的培养目标上升为国家的统一要求⑤。哈佛校长德鲁·吉尔平·福斯特（Drew Gilpin Faust）认为，人文教育的目的是"要发展学生的批判性思维、创意以及自省能力。而这种思维和能力，在各种经济、社会和环境的变迁中都将

---

① 从 1988 年 2 月起，46 位来自哲学、心理学、经济学、计算机科学、教育学、物理学和动物学等学术领域的批判性思维专家结成国际研究小组，对批判性思维展开了为期一年半的研究，此即著名的"德尔菲法"项目。

② ［美］彼得·法乔恩：《批判性思维：思考让你永远年轻》，李亦敏译，14 页，北京，中国人民大学出版社，2013。

③ ［美］理查德·保罗、琳达·埃尔德：《批判性思维工具》，侯玉波、姜佟琳等译，9 页，北京，机械工业出版社，2013。

④ 胡佳佳、吴海鸥译：《联合国教科文组织发布"教育 2030 行动框架"描画全球未来教育的模样》，载《中国教育报》，2015-11-15。

⑤ 于勇、高珊：《美国大学生批判性思维培养模式及启示》，载《现代大学教育》，2017（4）。

持续"①。在中小学，批判性思维同样受到高度重视，奥巴马在美国某高中开学演讲上说："你们需要从文科学习中培养洞察力和批判性思维，消灭贫困、愚昧、犯罪和歧视现象。"②在美国加利福尼亚州，"学生被期望采用批判性思维技巧掌握(社会科)学习内容"③。

在我国，批判性思维也日益受到重视。在2016年公布的《中国学生发展核心素养》中，批判性思维占有一席之地。在六大核心素养之一的科学精神中，要求学生应具备批判质疑的精神，具体表现为具有问题意识；能独立思考、独立判断；思维缜密，能多角度、辩证地分析问题，做出选择和决定等。

（二）历史思维具有批判性

历史思维具有批判性的气质。柯林武德曾将旧史学比喻为"剪刀加糨糊"的史学，因为旧史学迷信权威的观点和材料，将其拼凑在一起，便构成了历史叙述。柯林武德以为，新史学的特点在于其批判性，"关于包含在一种资料里的任何陈述的重要问题并不是它究竟是真是假，而是它意味着什么。询问它意味着什么，就是走出了'剪刀加糨糊'的历史学的世界之外而步入了另一个世界，在那里历史学不是靠抄录最好的资料的证词，而是靠得出你自己的结论而写出来的"④。故此，在当代的语境下，缺乏批判性的历史学是难以想象的。

历史思维的批判性表现在：历史研究建立在史料的基础上，历史学家却从不轻信史料，而是抱着谨慎的态度对其进行详细考证，在众多的史料中去伪存真、去粗取精；历史学家重视证据和推理，他们的信条

---

① 赵晗、王力为：《哈佛校长：中国大学日益察觉人文教育的必要性》，http://china. caixin. com/2016-01-29/100905293. html? from = timeline& isappinstalled = 0，2022-03-28。

② ［美］尼尔·布朗、斯图尔特·基利：《学会提问》，吴礼敬译，扉页，北京，机械工业出版社，2013。

③ 赵亚夫、张汉林主编：《国外历史课程标准评介》上卷，40页，北京，北京师范大学出版社，2018。

④ ［英］柯林武德：《历史的观念》，何兆武、张文杰译，360～361页，北京，商务印书馆，1997。

是，"有几分证据，说几分话。有一分证据，只可说一分话。有七分证据，只可说七分话，不可说八分话，更不可说十分话"①；历史学家推演历史当事人的行为意图，但就算找到了当事人的"夫子自道"，历史学家也会满腹狐疑，万分小心；历史学家习惯换位思考，总是力图站在历史当事人的角度去思考问题，而不是以自我为中心，让古人来迁就自己；历史学家从不轻信一面之词，总是要在综合正面证据和反面证据、正面观点和反面观点之后才谨慎地做出结论，力图保持思维的公正性；历史学家要理解过去，却并不一定认同过去，而要对过去持有自己的评判。历史思维的批判性不仅表现为对他者的批判，还表现为对自我的批判：历史学家愿意承认自己的局限性，知道史料总是不足的，解释总是暂时的，而自己也如同古人一样，无法摆脱时代的烙印。

历史思维的批判性不仅是历史学家的治史利器，更是历史教育的重要目标。教育的效益具有滞后性，因此，教育是着眼于未来的，是为未来而非现在培养人才。历史教育传授的是关于过去的知识，但其目的却是帮助学生迎接未来的变化。未来是变动不居的，无法准确预期。故此，现在的知识在将来很有可能会过时，唯有善于思考的大脑才能成为人们迎接未来的依仗。历史思维如同批判性思维，能让人获得解放，引导人们"树立深思熟虑的思考态度，尤其是理智的怀疑和反思态度"②，帮助人们养成清晰的、反思的、逻辑的、公正的等可贵的思维品质。这些思考态度与思维品质，是学生应对未来加速变化的世界的必备利器。

(三)历史思维与批判性思维的关系

历史思维与批判性思维具有同一性，也有差异性。

历史思维与批判性思维的同一性体现在：强调思维的自主性，不迷信权威，不人云亦云，不拾人牙慧，敢于开动脑筋，在拿出证据的基础

---

① 胡适：《致刘修业》，见耿云志、宋广波编：《胡适书信选》，337 页，北京，外语教学与研究出版社，2012。

② 谷振诣、刘壮虎：《批判性思维教程》，2 页，北京，北京大学出版社，2006。

上来思考问题；强调思维的公正性，"努力地平等对待每一种观点"①，对待自己不喜欢的观点也要认真地考虑它是否有合理性，对待自己喜欢的观点甚至是自己的观点也要进行严格的论证；强调思维的反省性，对思维时所使用的概念与假设进行审查，对思维的过程进行监督，学会控制自己的思考，做思维的主人。

历史思维与批判性思维的差异性体现在：前者是从学科领域来划分的，相对的概念常常是科学思维，后者是从思维的品质来划分的，相对的概念常常是盲从性思维；前者主要适用于历史学科和人文领域，后者则几乎适用于各个学科；前者是历史课程的重要目标，后者则在某些国家成为一门独立的课程②；前者综合使用了理性思维的要素（如分析、综合、比较、判断、分类、推理）和非理性思维的要素（如体验、想象、直觉、移情等），后者则充分使用理性思维的诸要素，基本不涉及非理性思维的要素。

由此可见，从外延来讲，批判性思维比历史思维要广泛；从内涵来讲，历史思维比批判性思维要丰富。历史思维与批判性思维是彼此成就的关系，批判性思维被广泛地运用于学校历史教育。掌握批判性思维的基本技能（如分析、综合、比较、判断、分类、推理），有助于历史思维的形成。"思维无内容是空的，直观无概念是盲的。"③在历史教育中发展学生的历史思维，亦为培养学生的批判性思维提供了内容，有助于成就学生更完美的人生。

第二节　历史思维能力的内涵与特征

历史哲学关注史学工作者的历史思维，历史教育学则既关注中学生的历史思维又关注其历史思维能力，这是由两门学科的属性决定的。史

---

① ［美］理查德·保罗、琳达·埃尔德：《批判性思维工具》，侯玉波、姜佟琳等译，14 页，北京，机械工业出版社，2013。

② 如在美国就是如此，我国有些学校也开设了批判性思维课程。

③ ［德］康德：《纯粹理性批判》，邓晓芒译，52 页，北京，人民出版社，2004。

学工作者虽然也有历史思维能力，但这不是历史哲学的研究对象。历史哲学属于理论科学（pure science），思考的是历史学的根本问题。历史哲学主要不是用于指导史学工作者的研究，更不是用来提升史学工作者的历史思维能力（这是研究生教育应该完成的任务），而是用来解释史学工作的性质与特点。历史教育学则属于应用科学（applied science），虽然也有且必须有纯粹的理论阐述，但归根结底，理论要能用于指导历史教育实践。"历史思维"与"历史思维能力"相比，前者更接近理论科学，后者更接近应用科学。历史教育必须强调历史思维能力，因为学生的历史思维是经由历史思维能力的训练而形成的。它有利于唤醒教师通过课堂教学帮助学生形成历史思维的意识。

　　历史教育学家对历史思维能力的界定，往往是在辨别历史思维与历史思维能力的过程中完成的。有的学者认为，历史思维是"可感而不可见的，是内隐的"，历史思维能力是"既可感又可见的，是外显的"。他们之所以区分历史思维和历史思维能力，是因为"在教育上研究学生的思维必须落实在学生思维能力的培养上，才能便于操作，便于实践中应用"[1]。有的学者认为，历史思维能力属于"中学历史教学心理学的范围"，区别历史思维与历史思维能力的意义在于"使历史思维能力以教学目标的形式"纳入教学中，并为评价提供可能。[2]

　　能力是指个体"成功地完成某种活动所必需的个性心理特征"[3]，分为一般能力和特殊能力，前者是指完成一般活动所必备的能力，后者是指完成专业活动所必备的能力。显然，历史思维能力属于特殊能力。所谓历史思维能力，是指学生把握和运用历史思维，成功地完成历史认识活动所必需的个性心理特征。该心理特征，集中体现在学生能够有效地运用时间、证据、理解、意义等概念上。在这个定义中，有两点值得注

---

①　赵恒烈：《历史思维能力研究》，14～15页，北京，人民教育出版社，1998。

②　王雄：《历史教学心理学》，138～140页，北京，北京出版社、北京教育出版社，2001。

③　夏征农、陈至立主编：《辞海（第六版）》（缩印本），1366页，上海，上海辞书出版社，2010。

意。第一，历史思维能力的主体是学生，而非历史学家。因此，对历史思维能力的表现的界定，要符合学生的水平和需要。第二，历史思维能力是一种潜能，只有在完成历史认识的活动中才能体现出来的。故此，习得历史思维能力，必须经由历史认识活动。

国外历史教育学家一般使用"历史思维"（Historical Thinking）而非"历史思维能力"，但究其语境，其"历史思维"等同于我国学者所说的"历史思维能力"。加拿大学者历史教育学家彼得·塞克埃斯（Peter Seixas）认为，从师生的角度来讲，过于抽象的定义无济于事。出于适宜评估的目的，他提出了历史思维的六个概念——建立历史意义、运用一手证据、识别延续和变迁、分析因果关系、运用历史视角、理解历史的道德维度，这些概念就使历史思维等同于历史素养（historical literacy）中的能力（competencies）。① 因此，在涉及国外相关研究成果时，为使读者能准确把握原文的微妙含义，本文仍然沿用原有的概念，而不擅自改为中国学者惯称的"历史思维能力"。

历史思维能力是历史教育学的专属概念，亦是历史教育的重要目标之一。与之密切相关的概念有历史思维、历史学科能力。辨清历史思维能力与历史思维、历史思维能力与历史学科能力的关系，等于就理解了历史思维能力。

一、历史教育旨在培养学生学会思考

人是会思考的动物，思考是其本能。经过思考，人们与世界上的各种事物就建立起联系，事物对于人来说就有了意义。这些事物，包括自然界中已经存在的物体，如河流山川、飞禽走兽；也包括由人类自己创造出来的"虚拟物"，如法律、正义、自由、良善等。反过来说，没有经过思考的东西，对于人们来说就是没有意义的。人们通过思考，就从自在的存在走向了自为的存在，就从实然状态走向了应然状态。在某种意

---

① Peter Seixas：*Benchmarks of Historical Thinking：a Framework for Assessment in Canada*．加拿大历史思维项目网站，http://www.historicalthinking.ca/sites/default/files/files/docs/Framework_EN.pdf，2022-03-28。

义上，主体思维的界限就是其生活的界限，"我们已经变成了我们思考过的东西，并且我们会成为什么样的人取决于我们的思考方式和思考内容"①。

人天生会思维，但并非天生会有清晰的、逻辑的、审慎的思维。这是因为，人是社会的人，总是生存于特定的时代、地域和家庭之中，身处有着特定的文化、信仰和价值观的群体之中，在耳濡目染中，习得不少的思维成见甚至是陋习。故此，要成为一个优秀的思考者，人们必须经过长期的乃至艰苦的训练，才能摒弃日常生活思维的一些不良习性，改善其思维质量。而这个任务应该由学校教育来承担，各个学科都应该为此做出自己的贡献。

历史就是这样一门关乎思考的学科。长期以来，人们将"资鉴""垂训"视为历史的最大功能。但是，人们逐渐发现，社会是变动不居的，"天下岂有相同之事？不同之事，而执相同之法以应之，岂非执成方以治变化万端之病？"②而且，在古代，接受历史教育是精英阶层的专享权利，所谓"资鉴""垂训"，都是针对精英阶层而言的，一般的老百姓，不过是被统治的对象，哪有资格去接受什么历史的经验和教训。近代以来，随着民主的扩大，历史教育的任务发生了变化。在西方，"到19世纪末20世纪初，史学开始承担新的使命，即教导国民。史学强化并在许多情况下创造了国民身份认同"③。几乎与此同时，我国的历史教育也开始成为国民教育的重要组成部分，其任务是提高国民的素养，而非为统治阶层提供"资鉴""垂训"。既然"资鉴""垂训"已非历史教育所能承受之重，那么，历史教育就应该为自己寻找新的价值。该价值主要体现在：其一，促进国民的身份认同，认同我们是一群拥有共同的历史和文化的人；其二，帮助学生养成优秀的思考习惯，提高国民的人文素养。吕思勉认为："史学之所求，不外乎：（一）搜求既往的事实；（二）加以

---

① ［美］加里·R.卡比、杰弗里·古德帕斯特：《忌维：批判性和创造性思维的跨学科研究》，韩广忠译，4页，北京，中国人民大学出版社，2010。

② 吕思勉：《史学与史籍七种》，86页，上海，上海古籍出版社，2009。

③ ［美］林恩·亨特：《全球时代的史学写作》，赵辉兵译，2页，郑州，大象出版社，2017。

解释；（三）用以说明现社会；（四）因以推测未来，而指示我们以进行的途径。"①历史并不是要给我们提供既定的经验或教训，而是要后人出于一定的目的，主动地去搜求、解释、说明和推测，进行艰苦卓绝的思考活动，方能有所收获。更何况，"一物有多少相，是没有一定的，有多少人看，就有多少相"②。史学的特性决定了历史教育的特点。对于历史学习来说，背诵并非良途，思考才是正道。在公共教育中，"历史是人们学会思考和行动，提升人们的教养，特别是关怀人们的身心自由的学科"③。这在西方一些发达国家已经成为现实。如在德国，为了培养能够参与和推动现代社会发展的合格公民，"思考历史而不是背诵历史"已经成为历史教学的指导原则④。

在当今世界，历史作为一门关乎思考的学科，理应承担更大的责任。当下社会处于信息爆炸的网络时代，人们出于特定的意图，对外散布各种各样的信息，推销形形色色的观点。这些信息和观点交织在一起，构成了一个亦真亦假的众声喧哗的世界，让不善思考的人头晕目眩、惊慌失措，或轻易就被某种观点所俘虏而成为别人的应声虫。因此，学生在进入社会之前，必须要有机会去学习如何做一个耳聪目明者，学会做出明智的判断与选择，能理性地说服自己相信什么及为何相信。而要做到这样，历史教育就不能只告诉学生一堆堆的事实，哪怕是结构良好的、内容确定的事实。历史教育要着力去做的，是让学生掌握历史思维能力，学会从互相矛盾的材料中提出问题，从互相竞争的诠释中确定意义。历史思维能力具有整体性、批判性和反省性等特征，不仅关乎学生的认知能力，还关乎学生的行动能力，使其在面对历史问题和社会问题时，能像历史学家一样理性思考，成为一个见多识广、独立思考和能担责任的合格公民。

---

① 吕思勉：《中国通史》插图典藏本，2页，上海，上海人民出版社，2015。

② 吕思勉：《史学与史籍七种》，28页，上海，上海古籍出版社，2009。

③ 赵亚夫：《追寻历史教育的本义——兼论历史课程标准的功能》，载《课程·教材·教法》，2004(3)。

④ 孙进：《思考历史而不是背诵历史——德国历史教育的启示》，载《光明日报》，2017-07-26。

二、历史思维与历史思维能力

在我国，"历史思维"这个概念主要是在历史哲学界使用，"历史思维能力"这个概念则在历史教育界使用。所谓能力，是指成功完成某种活动所必需的个性心理特征。从认知心理学来讲，认知活动有知觉、注意、记忆、思维、语言等多种形式，相对应的就有观察能力、注意能力、记忆能力、思维能力、语言能力等。历史思维能力就是指学生顺利完成历史认知活动所必需的个性心理特征。从历史思维到历史思维能力，意味着从历史哲学的领域进入历史教育学的领域。

历史思维与历史思维能力密切相关，亦有显著区别。历史思维是历史哲学的基本命题，是对历史学家认识历史的方式与特点的概括，探讨历史思维是为了更好地理解历史研究活动。历史思维能力则是历史教育的基本命题，针对的是学生把握和运用历史思维的能力，要解决的是学生如何学历史的问题，探讨历史思维能力是为了培育公民的历史素养。

历史思维多指一种特殊的思维方式。每门学科都是人类认识世界的独特通道，其独特性就体现在研究对象和思维方式的差异。哲学是对世界的思辨的理解，科学是对世界的理性的理解，历史是对世界的经验的理解，艺术是对世界的直觉的理解，所以相应地就有了哲学思维、科学思维、历史思维和艺术思维。因此，历史思维是指具有历史学科特征的一种思维倾向（或曰思维气质），相对于历史思维能力，它是"宏大叙事"，而历史思维能力则具体得多。历史思维能力是思维主体在思维活动中的实际表现。比如说，在思考问题的时候，思维主体会意识到凡事都有历史根源，要理解现实，必须对其历史有所了解；会意识到任何一个命题都有特定的语境，"如果不深入到它内在的思想含义，而仅仅停留在它的字面上，往往会变得荒谬不堪或不可理解"[1]；会意识到仅靠逻辑推演出来的结论是不可靠的，必须要有相应的经验事实作为证据等。这些都属于历史思维能力的范畴。可以说，历史思维是经由历史思维能力而得以体现出来的。作为历史教育来讲，教师对于历史思维的宏

---

[1] 张耕华：《历史哲学引论》，21页，上海，复旦大学出版社，2004。

观思考必不可少，但必须从历史思维能力的培养一点一滴地做起，否则历史思维就会成为空中楼阁。历史思维能力存在的价值就在于将历史思维教育化，让其富于教育意义和可操作性。

历史思维是与历史事实相对应的概念。历史思维是基于历史事实的思维，无论是"以事实为中心的史学"还是"以史家为中心的史学"①，历史事实都是作为历史思维的对象出现的，区别仅仅在于历史事实与历史学家之间的关系，前者认为主客体是对立的，后者则主张主客体是融合的。历史学家的基本追求，莫过于历史思维与历史事实的一致性，正如有的史学家所言："看到过于流畅的论文，总不免心生疑虑，觉得历史不会这般整齐。史学论文必须表述与事实吻合，一气呵成往往追求逻辑顺畅，于错综复杂的事实难免有所取舍牺牲。"②历史思维能力则是与历史知识相对应的概念。历史思维能力建立在历史知识的基础上，是指能在具体的情境中恰当地运用相关历史知识去解决问题。现代学术研究认为，知识的含义已远超事实。国际上权威的修订版的布卢姆教育目标分类学将知识分为事实性知识（即术语，具体细节和要素的知识）、概念性知识（分类或类目的知识，原理和概念的知识，理论、模型和结构的知识）、程序性知识（技能和算法的知识，技术和方法的知识，决定何时运用适当程序的标准的知识等）和元认知知识（策略性知识，关于认知任务的知识，自我知识）。③ 按照这个标准，不仅历史事实属于知识，历史原理、历史思维技能、对历史问题的元认知等也都属于知识。英国历史教育界也认为，知识远非历史事实所能涵盖的，历史学习不仅要掌握关于人名、事件和时间的事实性知识，更要掌握关于概念和技能的程序性知识④。

---

① 这是张耕华所做的区分。前者是指"以历史事实为中心，完全从史实方面来理解历史认识活动"，后者强调"史学研究中的主客体的无法分离，强调历史学家的主体因素对史学研究活动的渗透，强调历史学家在历史研究中的主导地位和决定作用"。详见张耕华：《历史哲学引论》，23～25 页，上海，复旦大学出版社，2004。

② 桑兵：《桑兵自选集》，12 页，广州，中山大学出版社，2017。

③ ［美］L. W. 安德森等编著：《学习、教学和评估的分类学》，皮连生主译，26 页，上海，华东师范大学出版社，2008。

④ 郑流爱：《关注历史知识、历史思维与历史理解英国"新历史科"探析》，载《全球教育展望》，2007(3)。

历史知识性质的变化导致了历史思维能力随之发生变化，历史思维能力不仅指思维者能够灵活地运用历史事实，还能够运用历史原理、历史思维技能等去解决历史问题，并能对自己的思维活动进行监控与调整。比如，学生知道"将自己放在历史人物所处的位置，从历史人物的个性、所处的局势及其所能接触的信息去推断他如此行事之意图"，这仍然属于知识（即程序性知识，具体来讲，属于历史思维的一种技能）；如果学生能够在历史学习中运用该技能理解某个具体的历史人物，这就属于历史思维能力。静态的历史思维仍然属于知识，动态的历史思维已经化身为能力。历史思维可以当作知识进行讲授（教师将其"告诉"学生），也可以作为能力去培养（学生在解读史料和解决问题的过程中自主习得）。因此，历史思维能力这个概念的提出，是在强调历史教育中知识、技能和能力的密切联系，是在彰显知识、技能和能力的内在一致性，反对割裂知识、技能和能力的做法。

历史思维多指历史学家的思维。这种学术性的思维是从历史学家的工作中提炼出来（这往往是历史学家认识历史思维的路径）或经过反思而得来的（这往往是历史哲学家认识历史思维的路径）。历史学家是历史知识的制造者，他们运用历史思维生产历史知识。在其研究领域，历史学家是历史知识最丰富的人。历史思维能力是指学生的历史思维能力，学生不是历史知识的制造者，而是历史知识的学习者。学生的历史思维能力，受制其历史知识的水平，因此，对学生历史思维能力的要求并不能过于高深，而应以"应知必会"为标准，以有益于其人格的发展为诉求。培养历史思维能力并不是期待学生成为历史学家，去生产更多的历史知识；而是让学生在体验历史知识是如何生产出来的过程中，淬炼思维的明晰性与批判性，进而学会做一个能够独立思考、为自己的主张进行合理论证的良善公民。总之，与历史思维的学术性相比，历史思维能力受制于中学生的认知水平，服务于历史教育的宗旨，因而更具教育性。

三、历史思维能力与历史学科能力

从表面来看，历史学科能力包括历史思维能力，但从实质内容来看，历史学科能力等同于历史思维能力。

欲澄清历史学科能力和历史思维能力这两个概念的关系，需从能力的分类开始说起。按照不同的标准，能力可划分为不同的种类。比如，认知能力、操作能力和社交能力，一般能力和特殊能力，模仿能力和创造能力等①。其中，前两种划分方式有助于理解历史学科能力的定位。

认知能力、操作能力和社交能力是按照能力的功能来划分的。认知能力是大脑加工、存储和提取信息的能力，操作能力是指人使用自己的肢体进行活动的能力，社交能力是指人在社会交往活动表现出来的能力。这种划分方式，有一定道理，但忽略了大脑的另一种重要机能——非认知活动。人的心理包括认知因素和非认知因素，前者如知觉、注意、记忆、思维、语言，后者如情感、意志、气质、性格、个性倾向性（含兴趣、需要、动机等）。非认知因素不直接参与但却制约和影响着认知活动。相对应，能力可分为认知能力和非认知能力，前者如观察能力、注意能力、记忆能力、思维能力、语言能力，后者如情感能力。情感能力是国外心理学界研究的一个热点，"已分别有情感思维能力（加登纳）、感受能力（悉尼·齐拉德）、移情能力与内疚能力（霍夫曼）、爱的能力（弗洛姆）、愿望能力（罗·洛梅）、高峰体验能力（弗洛姆）等提法"②。国内也有许多学者（如朱小蔓）在情感能力研究上取得丰硕成果。故此，以功能为划分标准，能力可分为认知能力、情感能力、操作能力、社交能力。

显然，从性质来讲，历史学科能力主要从属于认知能力，但与情感能力有着密切的联系，与社交能力和操作能力也有一定的联系③。尤其值得着重指出的是历史学科能力与情感能力的关系。情感能力包括情绪辨认能力、移情能力、情感调控能力、体验理解能力、自我愿望能力④。对于历史研究与学习来说，移情能力和体验理解能力（即对于古

① 彭聃龄：《普通心理学》修订版，392～394 页，北京，北京师范大学出版社，2001。

② 朱小蔓：《重视对情感能力的培养》，载《上海教育科研》，1993(3)。

③④ 比如，历史教学中常开展合作学习，就与社交能力有关；历史教学中有时会用历史剧表演的方法，这就涉及操作能力。但这两项能力，其他学科也都涉及。

人情感、意图、意志和个性的移情理解）是极为重要的。陈寅恪指出，"所谓真了解者，必神游冥想，与立说之古人，处于同一境界，而对于其持论所以不得不如是之苦心孤诣，表一种之同情，始能批评其学说之是非得失，而无隔阂肤廓之论"①。钱锺书也认为，"史家追叙真人实事，每须遥体人情，悬想事势，设身局中，潜心腔内，忖之度之，以揣以摩，庶几入情合理。盖与小说、院本之臆造人物、虚构境地，不尽同而可相通"②。"神游冥想""遥体人情"与抽象、概括、比较、分类、具体化和系统化无关，但却是历史研究与学习必不可少的基本能力。现代历史哲学也认为，"情感不仅是认知的组成部分，而且包含了比认知所产生的更强的洞察力"，其作用主要体现在"赋予过去一个前认知意义，通过该意义，过去对人类心智的认知能力发起了挑战"③。因此，历史学科能力除了认知能力的成分外，还应包括部分的情感能力。

认知能力可分为一般能力和特殊能力。一般能力是指在各种认知活动中表现出来的能力，如观察能力、注意能力、记忆能力、思维能力、语言能力等。特殊能力是指在某种专业活动中表现出来的能力，如语文学科能力、数学学科能力、音乐学科能力等。显然，历史学科能力属于特殊能力。一般能力是特殊能力的组成部分，历史学科能力当然包括观察能力、注意能力、记忆能力、思维能力、语言能力，但是，历史学科能力之所以是自己而非其他，是因为它有特殊之处，故此，对历史学科能力的探讨，重点就应该放在它的"天赋异禀"。完成任何一个学科的学习，都需要有观察能力、注意能力、记忆能力、语言能力等一般性、基础性的能力。这些能力在学科之间并不存在太大的区别，比如，除记忆量有大小之外，历史学科的记忆能力同物理学科的记忆能力并没有两样，但是历史学科的思维能力与物理学科的思维能力却存在着较大的差异。因此，历史学科能力主要是由历史思维能力规定的。不妨说，广义

---

① 陈寅恪：《金明馆丛稿二编》，247 页，上海，上海古籍出版社，1982。
② 钱锺书：《管锥编·杜预序》，转引自周振甫：《周振甫谈〈管锥编〉〈谈艺录〉》，139 页，南京，江苏教育出版社，2005。
③ ［德］约恩·吕森：《历史思考中的情感因素》，刘莉莎、李秀敏译，载《山东社会科学》，2010(9)。

的历史学科能力包括观察力、注意力、记忆力和历史思维能力，狭义的历史学科能力就是指历史思维能力。

　　历史思维能力之所以是历史学科能力的核心部分，不仅仅是因为历史思维能力体现了"学科"特色，也因为历史学习的其他因素需要通过思维才能发挥更大的作用。比如，思维能对主体的观察活动、注意活动和记忆活动进行思考，进而提高主体的观察能力、注意能力、记忆能力；思维能对主体在历史学习中能否对古人进行"同情之理解"进行反思，从而提高自己的情感能力；思维与语言具有同一性，在历史学习中，思维主要是经由语言进行的，语言也塑造着思维，思维对言语活动的反思，能提高语言能力（进而也提高了自身）；思维能对历史学习的目标、动机、需要、兴趣等非认知因素进行反思，通过影响非认识因素来改善认识因素；思维甚至能思考自身，通过对历史思维过程的反思，来提高历史思维的质量。故此，历史思维能力的重要性自不待言。

　　鉴于历史思维能力的特殊地位，国内外的历史课程标准在涉及历史学科能力时，往往把历史思维能力直接当作历史学科能力。在美国国家历史课程标准中，除历史思维标准（时序思维、历史理解、历史分析和解释、历史研究能力、历史地分析问题并做出决策）之外，课程目标中并无其他能力。加拿大曼尼巴托省历史课程标准直接将彼得·塞克埃斯的历史思维框架（建立历史意义、运用一手证据、识别延续与变迁、关系、运用历史视角、理解历史解释的道德维度）贯穿于课程之中。

　　总之，历史学科能力的本质属性是由历史思维能力规定的。因此，不妨将历史学科能力直接认定为历史思维能力，这样更能凸显历史学科能力的学科属性。

第二章 国内外的历史思维能力研究

历史思维能力①是世界各国历史教育研究中的一个核心命题。各国对历史思维能力的研究，都是在历史教育变革的大背景下发生的。如英国的历史思维研究是英国 20 世纪 70 年代以来新历史科运动的核心内容，美国的历史思维标准是美国 20 世纪 90 年代以来教育标准化运动②的产物，中国的历史思维能力研究则与历次课程改革③密切相关。经过国内外学者的不懈努力，历史思维能力研究已经取得了相当可观的成果，学者们在许多重要问题上也取得了共识，如都认同历史思维能力对于学生人格养成的重要价值，都在建构历史思维能力的体系，都在强调史料、理解等概念在历史思维能力中的位置，都在探索历史思维能力培养的策略等。

当然，国内与国外的研究也呈现出不同的特点。我国关于历史思维能力的研究起步相对较晚，至今有 30 多年。研究最初采取形式逻辑和思维科学的范式，后来逐渐转至历史哲学和历史教育心理学的范式。除赵恒烈和赵亚夫师等少数学者建构了自己的历史思维能力体系外，大部分学者开展的是历史思维能力培养策略的研究。我国学者大多采用文献

---

① 国外常用的概念是历史思维或历史思维技能（historical skills），国内常用的概念是历史思维能力。

② 1983 年，美国教育部发布《国家在危机之中》的报告，认为美国正在失去在数学、科学和技术方面的领先优势，究其原因是教育的每况愈下。1989 年，布什总统决定重振美国教育，他组织了一个委员会，对教育进行研究，提出美国教育必须达到的六项目标。由此，美国开始了大规模的基础教育改革，即"标准化改革"（Standard-based reform）。正是在这样的背景下，美国出台了美国历史上首部国家历史课程标准。

③ 一般认为，中华人民共和国成立后，先后经历了八次课程改革，分别是1949—1952 年，1953—1956 年，1957—1963 年，1964—1976 年，1977—1980 年，1981—1985 年，1986—1996 年，1997 年至今。参见王桂艳：《我国基础教育八次课程改革的历史研究及启示》，载《辽宁教育行政学院学报》，2011(5)。我国现有的历史思维能力研究，主要是与第七次和第八次历史课程改革相关，代表性成果分别出自赵恒烈和赵亚夫师。

研究法，大学研究者和中学历史教师往往是孤立地分别进行研究。发达国家关于历史思维能力的研究起步稍早一点，如英国至今有 40 多年的历史。国外历史思维能力研究一开始就是在历史哲学的引领下进行的，没有受到形式逻辑框架的限制。其历史思维能力研究首先集中在对历史思维能力内涵特征的研究，然后才是策略的研究。而且，国外大学研究者和中学历史教师常常合作开展长时间的实证研究①。

第一节　国内的历史思维能力研究

一、国内历史思维能力研究的基本脉络

(一)20 世纪 80 年代对历史思维能力的模糊认识

我国学术界对历史思维能力的探索始于 20 世纪 80 年代，主要表现在对历史学科能力的研究。其基本特点是：常常是"智（力）能（力）"连用；偏重形式逻辑的研究内容，主要集中在记忆能力、归纳能力、分析能力、联想能力等。由于研究刚刚起步，几乎没有历史思维和历史思维能力这两个概念。根据在中国知网搜索②的结果，在 20 世纪 80 年代发表的历史教学论文中，篇名含"历史思维"的仅 2 篇③。杨子坤从历史思维能力的显现性、灵活性、概括性、逻辑性等特点出发，结合一些案例进行了论述。毛爱华认为历史思维与逻辑思维的内涵不同，要配合起来使用。二人均没有探讨历史思维和历史思维能力的内涵及其学科特征与表现。本阶段末期，白月桥翻译的苏联专家莱纳的《历史教学中发展学生的思维能力》一书，对我国历史教育界产生了较大

---

① 如英国的彼得·李、狄更逊、美国的萨姆·温伯格、加拿大的彼得·塞克埃斯均与中学教师进行了长期的合作研究。

② 中国知网搜索的结果仅仅是作为说明学界对于这个话题研究是否重视的一个证据，对学术研究成果的回顾并不限于从中国知网得到的资料。

③ 分别为杨子坤：《略谈在学科特点中发展学生的历史思维能力》，载《教学与管理》，1987(4)；毛爱华：《中学历史教学应注重培养学生的历史思维与逻辑思维的能力》，载《历史教学问题》，1988(5)。

影响。

本阶段的研究成果推动 1988 年的《九年制义务教育全日制初级中学历史教学大纲（初审稿）》第一次明确规定了历史教学在"知识传授"和"思想教育"之外，还有"能力培养"的任务："教会学生初步掌握分析、综合、比较、概括等方法，去认识和表述历史的能力。"①具体来讲，有计算年代、识图、阅读、比较、解释概念、表达、类比等能力。教学大纲虽然没有正式提出"历史思维能力"这个概念，但"能力培养"目标的提出，无疑是朝着历史思维能力迈出了一大步。

（二）20 世纪 90 年代历史思维能力开始成为研究课题

本阶段，历史思维能力开始成为我国历史教育研究的一个较为重要的话题。根据在中国知网搜索的结果，20 世纪 90 年代，篇名含"历史思维"的有 89 篇，除个别文章从历史哲学角度论述外，绝大部分为历史教育方面的文章。这其中，篇名含"历史思维能力"的有 59 篇。由此可见，本阶段历史教育界对历史思维和历史思维能力的关注大大增强。这一阶段对历史思维和历史思维能力的研究，有四个特点。

第一，研究背景是钱学森倡导的思维科学。钱学森在 1980 年前后第一个提出思维科学大致框架。1984 年，钱学森亲自发起和主持全国首次思维科学学术讨论会，并做《开展思维科学的研究》长篇报告，将思维分为逻辑思维、形象思维和创造思维。钱学森还认为，"教育工作的最终机理在于人脑的思维过程"②。钱学森对思维科学的倡导，推动我国形成了一个研究思维科学的热潮，尤其是在教育界，研究思维能力的培养与思维品质的提高成为一个重要话题。据统计，1984—2001 年，"正式出版和内部出版的思维研究（包括理论和应用）的书，共计 211 种，其中教育界的作者共计 118 种，占 56％"③。正是在这样的背景下，历史教育界的学者们开始了对历史思维及历史思维能力的新的研究。思维

---

① 白月桥：《历史教学问题研讨》，99 页，北京，教育科学出版社，2001。

② 钱学森：《关于教育科学的基础理论》，载《高教战线》，1985(1)。

③ 课程教材研究所编：《20 世纪中国中小学课程标准·教学大纲汇编》历史卷，510 页，北京，人民教育出版社，2001。

科学对历史思维和历史思维能力研究的影响主要体现在对历史思维的分类上。本阶段大部分学者对于历史思维和历史思维能力的界定与展开，基本上是参照钱学森对思维科学的分类而进行的。如1998年出版的赵恒烈的《历史思维能力研究》是本阶段的扛鼎之作，也是国内研究历史思维能力的早期专著。该书主体部分就是按照历史形象思维、历史逻辑思维、历史情感思维和灵感思维、历史创造性思维论述的。

第二，一些学者开始从学科角度关注历史思维和历史思维能力。在模仿思维科学基本观点的同时，历史教育界的部分学者开始自觉地从本学科的特性认识历史思维。代表性观点出自赵恒烈的《论历史思维和历史思维能力》，他从历史认识特点的角度，如历史认识的直接性与间接性、历史的客观性与认识的相对性、历史表述的确切性与模糊性，讨论学生历史思维的培养。赵恒烈以"历史能力形成的过程"为标准，将历史思维能力分为历史事实的再现与再认、历史材料的鉴别与使用、历史问题的分析与评价、历史本质和规律的揭示、历史对现实的呼应和知往鉴来等。赵恒烈提出的历史思维能力虽然有些粗糙，如"历史事实的再认与再现"从名称来看属于记忆的范畴，但其具体的内容却是对历史事实的建构，属于解释的范畴)，但是自成体系，不失为本时期的"具有高度开拓性和创造性"①的典范之作。王雄则聚焦历史思维中的核心概念——历史理解，他将"历史的理解"定义为"以唯物史观为依据，从具体史实出发，认识、释解历史问题，发现历史规律的思维活动过程"。该定义虽然与当前历史哲学对历史理解的定义有较大出入，但毕竟已经触碰到这个核心概念，并提出应当"在指导学生理解问题上，体现历史课与其他课不同的特点"②。

第三，在理论探讨之余，部分学者和教师开展培养历史思维能力的教学实验。如张静、张桂芳、朱尔澄对北京两个班的中学生的研究，王

---

① 周发增：《评荐〈历史思维能力研究〉——纪念赵恒烈教授逝世一周年》，载《中学历史教学参考》，2000(10)。

② 王雄：《历史的理解与理解历史——历史教学培养学生历史思维能力试探》，载《中学历史教学参考》，1995(9)。

雄对扬州中学生的研究，李凤对丹东中学生的研究。① 这些教育实验，遵循了科学研究的基本规范，取得了积极的成效，证明只要方法得当，学生的历史思维能力是可以培养的。但这些实验仅限于培养历史思维能力的教学策略研究，而没有深入对中学生历史思维和历史思维能力的本质特征与特点的研究。

第四，本阶段的历史思维能力研究与考试改革密切相关。20 世纪90 年代，刘宗绪主持全国高考历史命题，施行考查历史思维能力为导向的命题策略，这对中学历史教学与历史思维能力研究都产生了较大的影响。从积极的方面来说，高考命题引导学者和教师对历史思维能力的重视，相当数量的人开始关心甚至是研究这个问题。从消极方面来讲，这种关注和研究是以应试教育为前提的，导致其研究结果基本上是围绕考试而展开的，难有突破。此类文章多是"以题说题"，其着眼点是复习指导方法，而不是谈学科学习能力。只有极少数学者认识到了学科能力培养与历史教学目标之间的关系，如聂幼犁提出历史教学目标"六六制"双向细目表，将知识分成表象的史实知识、规律的史实知识、原理的史论知识、观点的史论知识、整理的史法知识和构思的史法知识，将能力水平分为机械、意义、转译、推断、常规、创造 6 个水平。②

(三)21 世纪以来对历史思维能力研究的拓展

本阶段，历史思维能力成为我国历史教育工作者研究的一个热门话题，其研究深度与宽度都远超过去。根据在中国知网搜索的结果，21世纪以来，篇名含"历史思维"的有 436 篇，除少数文章从历史哲学等角度论述外，大部分为历史教育方面的文章，这其中，篇名含"历史思维能力"的有 272 篇。此外，还有大量篇名不含"历史思维"和"历史思维能力"但实际上谈的是历史思维或历史思维能力的文章（如"学科素养""历史素养""历史理解""历史解释"等）。由此可见，本阶段历史教育界对历

---

① 张静、张桂芳、朱尔澄：《对历史思维实验教学的探索》，载《历史教学》，1993(2)；王雄：《培养发展历史思维能力的整体教学策略实验》，载《中学历史教学参考》，1995(11)；李凤、李彩丽：《历史思维能力培养与训练实验报告》，载《历史教学》，1997(5)。

② 聂幼犁：《中学历史教育论》，35 页，上海，学林出版社，1999。

史思维和历史思维能力的研究步入了一个较为繁荣的时期。

这一时期，赵亚夫师在对历史思维能力进行综合研究的基础上，开辟出新的路径。首先，他认为要立足于历史教育的价值去认识历史思维能力的意义，要深刻认识理解能力的"现代意义和在方法论方面的价值"，只有这样，历史思维能力的培养才能不会迷失方向。他断言，"为'理解'而学习历史，应该成为新世纪历史教育的特征"①。其次，他系统地论述了历史思维能力的框架。要按照"具体问题具体分析""发展地看问题""历史是整体的""为学而教"四个基本原则重新厘定历史思维能力，并提出历史思维能力是"由判断能力、理解能力和反思（或批判）能力合成的"②。最后，他指出了我国历史思维能力研究的方向。赵亚夫师认为，我国学者要"以实证为基础"，研究"历史教学的求真求实与历史思维有何关系""历史思维如何反映历史教学的独特性""历史思维的专业性表现在哪里""历史思维发展水平依据什么工具加以判定"等重要问题。③

除此之外，有的学者从学科教学心理学的角度去认识历史思维与历史思维能力。如王雄借用心理学的概念，将历史思维能力结构分成"历史思维的目的、历史思维的过程、历史思维的材料或结果、历史思维的自主意识或监控、历史思维的品质、历史思维中的非智力因素"。他还将历史思维能力的类型分为历史思维方式的理解与应用能力，历史思维方法的掌握与应用能力④。孙立田、任世江则致力于探讨历史思维能力的体系，他们认为，初中和高中历史思维能力的培养目标应该有梯度，初中阶段要训练的是历史思维意识，包括"重证据意识、历史想象力和时序性思维意识"；高中阶段要训练的则是历史思维能力，"可以分为时

① 赵亚夫：《以"理解"为中心的历史学习》，载《历史教学问题》，2002(5)。

② 赵亚夫：《历史教学目标刍议二：怎样理解能力目标》，载《历史教学（中学版）》，2007(6)。

③ 赵亚夫：《美国学者眼中的历史思维及其对我们的启示》，载《历史教学（中学版）》，2011(4)。

④ 王雄：《历史教学心理学》，134～158 页，北京，北京出版社、北京教育出版社，2001。

序思维能力、历史理解能力、历史逻辑推理能力、历史解释能力"。①

以上学者对于历史思维能力的研究，显然已经彻底摆脱了对形式逻辑和思维科学的依附，转而从历史哲学或历史心理学的角度去认识历史思维能力的内涵与特征。

本阶段对历史思维与历史思维能力研究的深入还表现在扩展了新的研究领域。第一，对国外培养历史思维能力的方法进行了本土实践。如陈新民的《"神入"在英美两国历史教学中的运用》介绍了国外的"神入法"，赵士祥的《神入历史与想象力培养的教学建构》则对其进行了本土实践。第二，对如何编写教科书才能利于培养学生历史思维能力进行了研究，如赵亚夫师的《作为"学材"的历史教科书应该是个什么样子》和陈志刚的《对历史教科书"学材"编写问题的思考》等。第三，对批评性思维与历史思维能力之间的关系进行了研究，如赵亚夫师的《批判性思维决定历史教学的质量》。该文指出了历史教师在批判性思维方面容易存在的误区，并提出教师培养学生批判性思维的三大方略②。

总体来讲，国内关于历史思维能力的研究经历了三个阶段。第一个阶段，主题是历史学科能力研究，为转向历史思维能力研究奠定了基础；第二个阶段，在思维科学的影响下，正式提出了历史思维能力研究，并且有些学者开始从学科特点的角度探讨历史思维能力；第三个阶段，基本摆脱了形式逻辑与思维科学的影响，立足于历史哲学和历史教学心理学去认识历史思维能力，对历史思维能力体系及相关问题开展了较为广泛的研究。

二、国内历史思维能力研究的代表性成果

(一)赵恒烈的"五类历史思维能力目标体系"

赵恒烈是 20 世纪末国内研究历史思维能力的代表性人物，其代表

---

① 孙立田、任世江：《论历史思维能力的分类体系》，载《历史教学(上半月刊)》，2014(6)。

② 赵亚夫：《批判性思维决定历史教学的质量》，载《课程·教材·教法》，2013(2)。

作《历史思维能力研究》"贯通古今，融为一体，自成体系，体现出学科之间相互渗透，突出自我，立根于本专业的大教育观，其局部见突破，整体是创新；其著述内容和编著方法，确实是理论与实践相结合的典范"，是一部"具有高度开拓性和创造性的专著"。① 该书将历史思维分为历史形象思维、历史逻辑思维、历史情感思维和灵感思维、历史创造思维性思维四种类型，并分别进行了深入论述。

赵先生认为，历史思维能力属于"一种历史的认识活动"，是"人们用以再认和再现历史事实、解释和理解历史现象，把握历史发展进程，分析和评价历史客体的一种素养"②。他将历史思维能力分为历史事实的再现与再认，历史材料的鉴别与使用，历史问题的分析、评价与比较，历史本质和规律的揭示，知往鉴来的应用五类能力。赵恒烈的重要贡献在于制定了历史思维能力的目标体系，他将五类历史思维能力各分为三个方面，构成了一个具有逻辑的历史思维能力体系。赵先生认为，这五类目标和十五个方面，从七年级到高中三年级都应该掌握，只是深浅程度不同而已。

赵恒烈制定的历史思维能力目标体系③如下。

1. 历史事实的再认与再现能力

a. 按时间顺序叙述历史事件的发展和变化；

b. 历史事件之间的互相关系、发展和变化的阶段性；

c. 不同历史阶段的特征、不同阶段中人们的思想观念、经济地位和处境的差异性。

2. 历史材料的鉴别和使用能力

a. 甄别历史材料中的客观事实和主观见解；

b. 判断历史材料的真伪和价值，并给予批判；

c. 把不同材料中提取的信息综合起来，获取证据，论证某一个观点。

---

① 周发增：《评荐〈历史思维能力研究〉——纪念赵恒烈教授逝世一周年》，载《中学历史教学参考》，2000(10)。

② 赵恒烈：《历史思维能力研究》，15 页，北京，人民教育出版社，1998。

③ 同上书，190～191 页。

3. 历史问题的分析、评价和比较能力

a. 分析历史事件的原因和结果，分析历史人物的功过；

b. 评价历史事件和历史人物；

c. 比较历史事件和历史现象的异同。

4. 历史本质和规律的揭示能力

a. 分清历史发展中的主要矛盾和次要矛盾；

b. 透过历史现象，揭示历史本质；

c. 形成历史概念，并在判断和推理中理解历史发展的规律。

5. 知往鉴来的应用能力

a. 分清历史现象和现实社会现象的区别和联系；

b. 用历史发展的观点分析现实问题；

c. 预测某种社会现象的发展前途。

即使放在 21 世纪的今天来看，该目标体系仍然熠熠生辉。它围绕历史事实、历史材料、历史问题、历史本质和规律、历史功能五个方面，建构起历史思维能力的大厦，不愧为 20 世纪 90 年代国内历史思维能力研究的最高成果。

但是，这个历史思维能力体系也不是十全十美的，它还存在一些问题，如名实不符。这主要体现在：第一，"再认与再现"属于记忆而非思维的范畴，而"历史事实的再认与再现能力"名下的三条目标都属于思维的范畴（具体来讲，是对历史事实的理解和解释）。比如，按照叙事主义历史哲学，"按时间顺序叙述历史事件的发展和变化"即叙述，叙述本身就是一种解释。再如，"历史事件之间的互相关系"就属于对历史的解释，它和第三类目标中的"分析历史事件的原因和结果"是有交叉的，因果关系就属于"历史事件之间的互相关系"中的一种。第二，"历史问题的分析、评价和比较能力"从名称来看，应该是指对历史问题的分析、评价和比较，即"如何提出问题、评估问题、分解问题和解决问题"，但从其名下的三条目标来看，却是指对历史事物的因果分析、历史评价和历史比较。所谓因果分析和历史评价，就是指历史解释。而历史比较，是历史解释的一种重要工具，与因果分析和历史评价不在一个层面。

(二)赵亚夫的"四个基本原则和三种主要能力说"

赵亚夫师是 21 世纪以来国内研究历史思维能力的代表性人物，代表作有《历史教学目标刍议二：怎样理解能力目标》《以"理解"为中心的历史学习》《美国学者眼中的历史思维及其对我们的启示》等。

赵亚夫师对历史思维能力的拟定进行了元认知的思考。他认为在界定历史思维能力之前，应先讨论拟定历史思维能力的基本原则。他主张按照"四个基本原则"重新厘定历史思维能力，这四个基本原则分别为"具体问题具体分析""发展地看问题""历史是整体的""为学而教"。"具体问题具体分析"，强调的是历史思维能力的情境性，能力总是在解决特定问题中展现出来，特定问题则产生于特定情境，即"'具体的情境'生成'具体的问题'，'具体的问题'创造学习能力"①。"发展地看问题"，强调的是历史的动态性，历史结论的正确性是相对的，历史意义是现实存在的特定反映。"历史是整体的"即历史思维能力理应体现在如何创建历史结构，整体地把握历史特性或特征方面。"为学而教"是对"教育者一定要明确谁在学历史，为什么学这样的历史的问题"这个问题的回答，强调的是"学有用的历史"。

这四个原则中，"具体问题具体分析"着眼的是历史方法论，历史学研究的是个别的、特殊的事物而非总体的、普遍的事物，历史思维能力就是在解决具体问题的过程中才能得以体现。"发展地看问题"着眼的是历史认识论，历史是过去与现在永无休止的对话，对历史的认识因为现在的变化而变化，因此不要抱残守缺，而应因时而变。"历史的整体性"着眼的是历史本体论，历史事实浩如烟海，单一的或零碎的事实是没有意义的，历史的意义就在于其整体性，因而要整体地看问题。"为学而教"着眼的是历史教育价值论，是学生在学习历史，要学习的是对学生有用的历史。

基于以上这四个基本原则，赵亚夫师提出："'历史教学能力''历史

---

① 赵亚夫：《历史教学目标刍议二：怎样理解能力目标》，载《历史教学(中学版)》，2007(6)。

学习能力'或干脆说就是'历史思维能力',事实上都是由判断能力、理解能力和反思(或批判)能力合成的。"这三种能力的关系:判断能力是历史阐释的基础,也是历史理解的基础;理解能力是历史学习的核心能力,反思能力是指精神的自我活动和内省的方法,是对思考的思考。

赵亚夫师具体阐释了这三种能力的内涵①如下。

判断能力:

(1)能够根据文本、影像等多种历史资料对历史人物、历史事件和历史现象做出肯定或否定的答案。

(2)能够多角度、多方面探究历史问题,以求自我判断尽可能符合客观实际。

(3)能够恰当地运用历史概念,对历史事实进行评价。

(4)能够辨析和说明历史资料的可信度,并通过文字表现自我判断的内容和形式。

(5)能够分辨不同句型、文本对同一事物的相同判断,以及同一句型、文本对同一事物的不同判断。

理解能力:

(1)能够解释历史现象,而不仅仅是照本宣科;找到佐证或范例;类比;为事实的正当性及合理性辩护。

(2)能够归纳、概括历史现象的特征、规律,综合得出结论。

(3)能够表达清楚一个丰富的具体内容彼此之间相互联系的知识网络。

(4)能够把一个概念、原则、结论、规律、主题思想运用到新的事物、事件、场合中去,并产生新的思想和概念。

(5)能够通过运用所学知识和技能使原有的知识网络得到修改和扩展。

反思能力:

(1)能够感知丰富的历史事实,并懂得如何把个别(部分)的事实放到整体中去思考。

---

① 赵亚夫:《历史教学目标刍议二:怎样理解能力目标》,载《历史教学(中学版)》,2007(6)。

（2）能够将感觉（外部经验）通过想象、推理和证明转化为有意义的自我认识（内部经验）。

（3）能够通过反复的质疑、思维和推论等心理活动，反观自己的学习活动，内省自身对学习内容的多重感受（诸如好恶、爱憎、反思、忏悔等）。

（4）能够以求真、求实和创新的态度，反复思考事实，逐步养成对历史文化的反省精神。

（5）敏感生活世界的变化，及时反映并能够为自己做出恰当的决策。

在理解这三项能力时，不能抛开前述的四项基本原则。它们不是机械地一一对应关系，每一项能力中可能都会运用到这几项基本原则。比如，反思能力主要对应的是"为学而教"，如反观学习活动、内省学习感受、做出恰当决策等；但它同样对应"历史是整体的"原则，如要"把个别（部分）的事实放到整体中去思考"。其他能力同样应作如是观。

这三项能力，体现出了历史思维能力的层次性。

判断能力是前提。康德认为，高级认知能力有知性、判断力和理性三种，判断力居于知性和理性之间，"使知性向理性的过渡成为可能"①。判断力分为"规定性"的判断力和"反思性"的判断力。前者是指从规则、规律、普遍性出发，去认识个别、经验和特殊性；后者是指从个别、经验和特殊性出发，去认识规则、规律和普遍性。总而言之，判断力是将知性和感性材料连接起来的能力。赵亚夫师提出的判断力，更接近于康德的"反思性的判断力"，因为历史是关于经验事实的科学，包含有大量的、丰富的人类的过去经验；我们对于历史现象的判断，应该基于经验材料（文本、影像等多种历史资料），而在运用经验材料之前，我们应对其可信度做出辨析和说明。赵亚夫师列举的判断力的内涵，包括运用史料做出判断、判断史料的可信度、判断别人对历史的记述或解释，这正是反思性判断力在历史学科的具体表现。

---

① ［德］康德：《判断力批判》，邓晓芒译，13页，北京，人民出版社，2002。

　　理解能力是核心。在判断的基础上，学生要进一步深入理解。在布卢姆教育目标体系中，理解是至关重要的一个认知能力。该体系将理解细分为解释、举例、分类、概要、推论、比较、说明等①。赵亚夫师所说的理解力，基本上是按照这个思路来建构的。但是，在赵亚夫师看来，"理解"不仅仅是一种能力，更不能将其局限于技能的层面，理解之所以重要，是因为它具有"现代意义和在方法论方面的价值"，理解"既是'学会'的基础，也是'思想'的根据"。历史学科的理解，从方法论层面来讲，具体表现为："知识是以时间为框架来组织的；任何历史事件都处在复杂的因果关系中，即非简单的缘由促成；我们是通过情感的转移来产生对过去人物的理解；过去，只能通过对第一手资料的系统考查，重新建构，才具有真正的意义和价值；对过去的叙述最恰当的方法是要知道多种声音。"这样定义的"理解"，显然就已经深入触及历史学科的本质问题。而理解的深刻意义在于，"理解所学习的对象一旦被定义，并赋予知识有价值的意义后，知识就不再是堆积起来的信息，而是解释、改变世界的工具"②。赵亚夫师认为，"理解能力是个性发展的一种内驱力""理解能力是个性解放特别是精神解放的不可或缺的工具""理解是主体所具有的把握客体的主观意识能力"，故此，理解力是历史学习的核心能力。

　　反思能力是归宿。主体对客体的理解，不仅是为了把握客体，更是为了认识自我、丰富自身，而这是通过反思活动来完成的。教育的最终目的是让学生认识自我。反思能力是思想的自我运动，是思想反过来对自身的认识，即对自我的认知。在反思能力的作用下，主体对自身学习的过程进行监控，将外部经验转化为内部经验，赋予学习内容以意义，并学会做出决策和采取行动。

　　判断能力、理解能力、反思能力所构成的历史思维能力体系，既符合历史学科的本质特点，又符合教育活动的根本目的，体现了历史学和

────────────

　　①　[美]L. W. 安德森等编著：《学习、教学和评估的分类学：布卢姆教育目标分类学修订版》，28页，上海，华东师范大学出版社，2008。

　　②　赵亚夫：《论以"理解"为中心的历史学习》，载《历史教学问题》，2002(5)。

历史教育的有机融合。

　　赵亚夫师的贡献不尽于此。他高屋建瓴地指出了目前我国历史思维能力研究中存在的问题："对于历史思维在宏观的哲学指导方面我们认识清楚，缺乏的是就历史思维方法论的精细梳理；对于教学论中的历史思维形式我们有自身的研究特色，比较忽略的是从历史学角度确定历史思维的内容；对于历史思维教学的艺术性我们强调较多，没有关注到的是历史思维教学的科学性原则"。进而，他提出了我国历史思维能力研究需要实证基础和进一步专业化。具体来讲，我们要"以实证为基础"，回答如下问题[①]：

　　(1)学生通过网络即刻就可以获得历史知识，教师该教他们什么；

　　(2)在一个开放的知识世界里，学生可以找到任何风格的、出色的故事讲述者，教师如何形成自己的且学生易于接受的教学风格；

　　(3)当学生一味地沉浸于你的讲述时，是把他们都变成你自己，还是让他们挑战你；

　　(4)历史教学的求真求实，与历史思维有何关系；

　　(5)历史思维如何反映历史教学的独特性；

　　(6)当我们把历史思维和历史思维能力画等号时，是否预示着学历史等于培养历史思维能力；

　　(7)在你的教学中，是否对不同层次的历史思维有所区分；

　　(8)"三维目标"与历史思维的关系是什么，你如何界定它们之间的关系；

　　(9)历史思维的专业性表现在哪里，它与国家的历史教学目的有何关系；

　　(10)思维发展水平是可以测定的，那么历史思维发展水平依据什么工具加以判定。

　　这些问题，指明了我国历史思维能力研究的发展方向。

---

　　① 　赵亚夫：《美国学者眼中的历史思维及其对我们的启示》，载《历史教学(中学版)》，2011(4)。

第二节　国外的历史思维能力研究

20 世纪 70 年代以来，历史思维的养成逐渐成为世界各国历史教育改革的目标，历史思维能力也开始成为历史教育研究领域中的关键课题。赵亚夫师指出，当前世界各国历史教育的一个基本共同点是"注重夯实历史思维或历史思考"①。在这些国家中，英语国家的研究起点早、水平高、影响大。此外，德国的历史思维能力研究亦很有特色。

一、英国的历史思维能力研究

20 世纪 70 年代，针对学生厌倦历史学习的现状，英国兴起了"新历史科"（New History）运动。"新历史科"运动的核心主张为："学校的历史学习，不是把焦点集中在历史本身发生了什么，而是要集中在我们如何具有对历史的认识。"②历史学习要以史料为中心，在探究过程中发展学生的历史思维能力。

"新历史科"运动以来，兴起了许多教育实验，其中有代表性的是"学校委员会计划历史科 13～16"③（Schools Council Project History 13～16）和"历史概念与教学方法"计划（Concepts of History and Teaching Approaches：7～14，CHATA 计划）。

"历史科 13～16"计划始于 20 世纪 70 年代，持续时间较长。他们主张在历史学习中，学生必须要掌握四个基本概念：证据、时间中的变迁和延续、因果关系和动机、时代错置，以及三项能力：分析、判断和神入（empathy）。这些主张在英国国内引起巨大反响，也奠定了 CHATA 计划的基础。

CHATA 计划始于 1992 年，为期四年，以 7～14 岁的学生为对象，

---

①　赵亚夫：《世界基础教育改革与历史课程发展走向》，载《中学历史教学参考》，2018(9)。

②　［英］汤普森：《理解过去：程序和内容》，叶小兵译，载《清华历史教学》，1996(7)。

③　该委员会简称 SCHP，后改名 Schools History Project(SHP)。

由伦敦大学教育学院彼得·李和 A. K. 狄更逊主持。该计划着重研究学生在史料与调查、解释与理解这些概念上所表现出来的历史思维能力。其主要特点有：

第一，主张以第二层次概念（the second concepts）来建构历史思维能力。所谓第二层次概念，"不是历史概念（concepts in history），而是历史的概念（concepts of history）"，即证据（evidence）、变迁（changes）、原因、神入（empathy）等历史认识论的概念。他们认为，第二层次概念是"界定历史学科的知识性能的"。不管学生是否知道这些概念，学生的内心深处对它们或多或少、或明或暗都会有一些想法，"深深地影响着他们处理具体历史的方法"①。如果教师对学生这些心照不宣的想法一无所知，就难以发现学生历史学习中的困惑并加以解决。

第二，采用实证的研究方法。比如说，他们在研究学生的理解水平时的方法是：首先，"给学生准备材料，要内含一个明显的矛盾。可以是一个行动，但出现与其目的相悖的结果；或者是一个社会习俗，非现在 20 世纪的信仰和价值观可以理解"。其次，"再给学生材料有关的背景材料，描述材料所需要考虑的事物，以及当时社会一般的信仰和价值观"。最后，"要求学生弄明白那个行动或习俗"②。

第三，研究结果往往体现在对学生历史思维水平的区分。比如，他们将学生对史料的理解分为六个水平：过去的化身、信息、见证、剪贴、孤立的史据、与历史结合的史据③。又如，他们将学生的理解水平同样划分为六个水平：迷惑难解的过去、愚昧无知的过去、概括化的固定形象、掺用日常经验的过去、受限制的历史神入、融入时代脉络的历史神入④。处于理解水平一的学生，"只会依书直说，并不能对历史人物的行为作概念上的思考，对当事人的行为缺乏理解力"；处于理解水

---

① ［英］彼得·李：《儿童学习历史的进程》，周孟玲译，载《清华历史教学》，1994(3)。
② ［英］狄更逊：《理性的理解历史与历史教学》，周孟玲译，载《清华历史教学》，1996(6)。
③ ［英］彼得·李：《儿童学习历史的进程》，周孟玲译，载《清华历史教学》，1994(3)。
④ ［英］狄更逊：《理性的理解历史与历史教学》，周孟玲译，载《清华历史教学》，1996(6)。

平二的学生"在构思历史人物的行为时，是以自己的、而不是古人的条件去考虑的，他们不以为认识特定的价值观和信仰是理该的"；处于理解水平三的学生"以为古人和今人差不多，人的动机、价值观和目的都有不变的模式，所有的行为、制度和社会变迁都可以借助这个模式来理解"；处于理解水平四的学生"开始考虑历史人物特有的境况去理解各种行为"，不过，他们的行为模式是"以己比人"，"并不晓得古人的价值观、信仰和心态与今人是可以有很大差异的"；处于理解水平五的学生认为"古人和今人对事物的看法会有不同，也认为行为、习尚与制度设施，是依据史料历史人物事发时的境况来理解的"，但他们还不能"将具体的境况同那个年代所属的精神物质世界联系起来"；处于理解水平六的学生认为，"在理解和解释历史行为措施时，不能忽略其所属的时代或社会背景如价值观和信仰等事物，而且还要能把它们同现在区别开来"①。

总体来看，英国学者研究历史思维较早，其研究主要是围绕历史思维的关键概念来展开，并分层描述学生历史思维的水平②。其中，CHATA 计划的国际影响最大，对美国、加拿大、澳大利亚、新加坡、南非等英语国家和地区均产生了重要影响。

二、美国的历史思维能力研究

(一)美国历史思维标准

1996 年，美国加州大学洛杉矶分校历史学教授加里·纳什领衔的"国家学校历史教育中心"（National Center for History in the Schools）研制的美国历史上首个国家历史课程标准（修订本）正式公布③。该课程标准

---

① ［英］狄更逊：《理性的理解历史与历史教学》，周孟玲译，载《清华历史教学》，1996(6)。

② 他们还将学生对历史解释和历史变迁的理解水平进行了划分，参见［英］Denis Shemit：《英国学生对历史因果解释的理解进程》，洪静宜译；［英］Frances Blow：《英国学生对历史变迁与发展的理解进程》，载《清华历史教学》，2011(21)。

③ 美国国家历史课程标准 1994 年首次颁布，颁布后引起巨大争议。为此，课程标准制定者对其进行了修订。1996 年，修订本正式公布。

制定的背景是美国历史上的著名的教育标准化运动。为了提高国家竞争力，美国总统布什于 1990 年提出，"需要给有教养的公民提供一份新的标准"，并确定英语、数学、科学、历史和地理为核心学科，"确保所有学生都知道如何极好地运用他们的头脑，从而为负责任的公民、终身学习和在现代经济社会中能够高效率地工作做好准备"。美国国家历史课标就是 20 世纪 90 年代在美国诞生的众多学科课标中的一个，同时出台的还有美国国家社会科课程标准。

美国国家历史课程标准分学段制定了详细的历史思维标准（Standards in Historical Thinking），分 K～4 年级和 5～12 年级的历史思维标准。两个学段的历史思维都包含五个互相关联的维度——时序思维（Chronological Thinking）、理解历史文本（Historical Comprehension）①、历史分析和解释（Historical Analysis and Interpretation）、历史研究能力（Historical Research Capabilities）、历史地分析问题并做出决策（Historical Issues-Analysis and Decision-Making）。② 其区别仅仅在于，第一学段对历史思维能力的要求低于第二学段。这五项历史思维自成体系，它先从时序谈起（年代学是组织历史思维的智力前提），到对历史文本的理解和尝试建构自己对历史的解释，再到最后的历史研究和问题解决，能力的要求逐级提升，层次感比较强。

美国课程标准对每一种历史思维均做出了详细的规定，不仅对其含义和意义进行了充分的阐释，还细致地列举了其具体的行为表现（少则 6 条，多则 11 条）。这就意味着，历史思维标准实际上就是表现标准。以"历史研究能力"为例，美国课标列举了 6 项表现，如在处理历史文献、目击者叙述、信件、日记、考古文物、照片、历史遗址、艺术、建

---

① Historical comprehension 直译是"历史理解"，鉴于美国课标中还有 Historical understanding 一词（即我们常说的"历史理解"），为示区别，本书将 Historical comprehension 翻译为"理解历史文本"。在美国课程标准中，历史理解（Historical understandings）标准也就是内容标准，规定学生应该知道的美国史和世界史的范围，也为学生提供分析当代公民面对的问题和难题所需要的历史视角。

② 美国加州大学洛杉矶分校国家学校历史教育中心（UCLA HISTORY）网站，https://phi.history.ucla.edu/nchs/historical-thinking-standards，2022-03-28。

筑和其他历史记载时，明确地表述问题；从多种渠道获取历史资料包括图书馆和博物馆照中的收藏品、历史遗址、历史照片、杂志、日记、目击者叙述、报纸和类似资料，文献类电影、现在还健在的目击者口头证词、人口普查、税收记录、城市名称地址录、统计资料编辑和各类经济指标；通过如下方法向历史资料提出问题：它们出现的社会背景、政治背景和经济背景，考察其可信程度、权威程度、真实程度、内部的一致性和完整性，察觉到冗长叙述、对事实的删减或"自创"所反映的偏见、失真和宣传，并对之进行评价等①。

美国课程标准详细列举历史思维的具体表现，这就降低了读者产生歧义的可能性，使历史思维标准成为教授、学习与评估的指南，增强了历史思维能力标准的可操作性，同时亦提升了其专业性，使其能在历史教学中真正地发挥指导作用。

美国国家历史课程标准认为，历史思维能力是获得历史理解的基础。历史思维技能是指：评估证据，进行比较分析与因果分析，解释历史记录，并构建可靠的历史论证与历史观点，以帮助我们在当下的生活中做出明智的决定。② 历史理解则是指学生对家庭、社区、本州、本国乃至世界历史的理解。历史思维能力与历史理解能力是彼此成就的关系。历史思维技能不能在真空中得到培养，必须依托对具体历史内容的理解才能获得历史思维技能。同样，要理解具体的历史内容，则必须运用历史思维的技能。美国课程标准指出，真正的理解能力要求学生"参与历史思考过程""形成自己对历史的叙述""思考性地阅读他人的历史陈述"③，进而培养出五种历史思维能力。

美国国家历史课程标准"建立在历史学的整体结构上""建立在社会

---

① 赵亚夫主编：《国外历史课程标准评介》，55 页，北京，人民教育出版社，2005。

② 美国加州大学洛杉矶分校国家学校历史教育中心（UCLA HISTORY）网站，https://phi. history. ucla. edu/nchs/preface/definition-of-standards/，2022-03-28。

③ 赵亚夫主编：《国外历史课程标准评介》，48～49 页，北京，人民教育出版社，2005。

科学深厚的知识领域基础""建立在对学科教育的深入研究基础上"①，它所制定的历史思维标准，显示出深厚的学科研究背景以及对学科教育的深刻认识。美国国家历史课程标准虽然体现出了鲜明的历史学专业性，但是其制定者意识到，历史教育毕竟不同于历史研究，历史教育是为了培养国家所需要的公民："没有历史，一个人无法明智地研究社会中的政治问题、社会问题或道德问题。而且，没有历史知识以及它所支持的历史研究，一个人就无法成长为见多识广、独特的公民。这些恰恰是有效参与民主制管理进程与我们所有公民履行国家民主制理念时所必需的。"②这在历史思维标准中得到了充分的体现。比如，让学生辨析不同的历史解释，增进其解释历史因果关系的能力，有助于学生认识历史决定论和目的论的局限性，避免"公民的冷漠感、玩世不恭和弃世的心态"③；让学生自己做研究，是为了给他们提供"支配自己思想的机会和权力"④；而以问题为中心的分析活动和难题解决活动，"有助于增进民主制公民必备的各种能力，诸如，能够甄别和界定公共政策和伦理难题；能够分析某种情景下各种人物的不同利益和价值观，以及受其影响出现的结果……"⑤。学科研究与学科教育的深度结合，也许就是美国国家历史课标的最大特点。

(二)萨姆·温伯格的历史思维研究

在美国，研究历史思维能力的最著名的学者当属斯坦福大学教授萨姆·温伯格(Sam Wineburg)。2002 年，他的专著《历史思维和其他非自然行为》(*Historical Thinking and Other Unnatural Acts*)获得美国学院和大学协会的 Frederic W. Ness 大奖。2011 年，他的另一本重要专著《像历史学家一样阅读》(*Reading like a Historian*)出版，同样引起了巨

---

① 赵亚夫主编：《国外历史课程标准评介》，75～76 页，北京，人民教育出版社，2005。
② 同上书，11 页。
③ 同上书，53 页。
④ 同上书，55 页。
⑤ 同上书，56 页。

大反响。

　　萨姆·温伯格的独特之处在于他对历史思维能力开展实证研究。从20世纪90年代开始，他就开始对身边的同事和学生做历史思维的相关研究。他认为，"历史思维是后天行为（Historical thinking is unnatural），它与我们的日常思维恰恰相反"。普通人习惯于认为过去和现在是一致的，所有的事情都如同发生在此时此地；而历史思维恰恰相反，它提醒我们过去和现在之间存在着裂痕。① 通过研究，他认为，"来源启发式、佐证启发式、置于背景（历史学家用来描述当地、全国和世界背景下的条件和时间框架）、对比思考（历史学家用来描述当时世界上其他地方的情况）正是历史学家思考的核心要素"②。所谓来源启发式，是指通过分析史料的来源（作者身份、写作时间、史料形式、信息来源等）来判断史料的价值的方法；所谓佐证启发式，是指拿此史料与其他史料互相参证，进行解读。

　　为了培养学生历史思维能力，萨姆·温伯格选择以史料阅读为突破口。他认为，历史学家的阅读与高中生的阅读存在明显差异。高中生（哪怕是成绩最优秀的高中生）在阅读文献时，往往是从第一个字读到最后一个字，且常常忽略文献的来源。历史学家则往往"从文献的最后开始，先找到文献的史源（sourcing），史家会先看一下文献的前几个字以便得到大致的头绪，但之后马上就跳到文献的底部，将镜头拉近至文献的来源说明。谁写了这份文献？什么时候写的？它是一则日记吗？是一份符合《自由资讯法案》规定下取得的备忘录吗？是一份泄露而出的电子邮件吗？作者是第一手知道这个讯息，还是基于听闻而得？"③亦即，高中生是在被动地接受文献的信息，而历史学家则是在主动地质问文献，"投身于一份与人相关的史料，进行生气勃勃的对话"。同时，历史学家

---

　　①　Donald A. Yerxa：*Recent Themes in Historical Thinking*，the University of south Carolina Press，2008，pp. 36-37.

　　②　陈伟璧：《萨姆·温伯格的历史教育理念及其启示》，载《中学历史教学》，2008(11)。

　　③　［美］萨姆·温伯格等：《像史家一般阅读》，宋家复译，导论，台北，台大出版中心，2016。

还非常注重史料的语境（contextualization），即史料是在什么语境下产生的。以林肯的一段演讲为例，"林肯说这话的脉络如何？这些话是在什么时候和在哪里说的？观众是由什么样的人构成的？"①"这些言辞的背景和目的为何？以及他的言辞和观念和同时代的人相较又是如何？"②基于此，萨姆·温伯格认为，史料阅读的核心，一是探究史源（sourcing），二是语境化（contextualization）。

萨姆·温伯格认为，培养学生的阅读素养，除掌握探寻史源和语境化等必要的阅读方法外，另一关键在于"让学生接触到丰富多样的文本，这些文本混合文体与风格，困难度与主题都有多样变化"。他非常形象地做了个比方，学生需要的是"丰富多样的菜色，而不是教科书这样的稀粥"③。在一个关于林肯种族态度的主题阅读中，萨姆·温伯格及其团队遴选了《道格拉斯的演说》《林肯对道格拉斯的回应》《林肯致玛丽·史毕德的信》《林肯论殖民化演说》《约翰·贝尔·罗宾森》五则材料，有公开演讲，也有私密信件；有己方陈述，也有对照材料，体现了史料的丰富性。在另一个关于来克星顿枪声的阅读主题中，所选择的史料为：两幅不同的画作，一张邮票中的图像，一段英军士官的日记，一份北美民兵的证词，一段耶鲁学院校长的日记，一段教科书的叙述，史料种类更为丰富多彩。

萨姆·温伯格的研究的特色还在于，他为学生的史料阅读提供了简便易行的分析工具。这些分析工具是与史料一起提供给学生的，供学生在阅读时使用。这些分析工具有助于学生澄清自己的思想，深化对史料的理解。比如，在关于林肯种族态度的主题阅读中，萨姆·温伯格提供了以下三个分析工具：

工具一　结构化的学术争议说明

问题：林肯是一个种族主义者吗？

A方：是，林肯是一位种族主义者。

①　[美]萨姆·温伯格等：《像史家一般阅读》，宋家复译，导论，台北，台大出版中心，2016。

②　同上书，105页。

③　同上书，导论。

B方：不，林肯不是一位种族主义者。

一、伙伴的准备工作

找出可以支持你立场的证据。用心拟定打造你的立场。

二、报告立场

1. A方使用这些文本中的支持的证据，报告他们的立场。

2. B方重述，至A方满意。

3. B方使用这些文本中的支持的证据，报告他们的立场。

4. A方重述，至B方满意。

三、建立共识

1. 抛弃角色。

使用支持的证据，基于问题建立共识（或至少弄清楚你们的歧见）。

2. 考虑下列问题：我们应该怎样评判过去的人？

工具二　结构化的学术争议分析表

问题：林肯是一位种族主义者吗？

立场一：是，林肯是一位种族主义者。

立场二：不，林肯不是一位种族主义者。

文献：

证据1：

文献：

证据2：

文献：

证据3：

针对这些史料与想法，你有什么问题？

共识：

工具三　脉络问题

一、这份史料是在何时、何处写下或产生的？

二、在它被写下的那个时候，还发生了什么事件？

三、为什么会产生这份史料？

四、在那个时候，有什么跟现在不一样？有什么又是一样的？

五、这份史料如果由某个活在当时的人看来，会是什么样子？①

萨姆·温伯格率领他的团队，对美国的部分中小学进行了长达二十多年的"像史家一般阅读"的实证研究。"这个实验显示，使用我们方法的学生，不仅比在传统教法的学生记住更多历史，而且我们的学生在阅读理解上成果更好。"②

(三)三次序材料教学法

美国历史思维能力研究不仅体现在课程标准和史料阅读方面，还体现在历史教学模式方面。2003 年，美国学者弗雷德瑞克·德雷克、莎拉德·雷克布朗在萨姆·温伯格的启发下，提出了适宜于中学师生操作的、有固定模式的三次序材料教学法。

第一次序材料(the First-Order document)是教师提供的最基本的一手材料。第一次序材料应具备丰富的信息，以便提出一些供学生们思考的开放性问题。遴选第一次序材料的标准有两个：一看它是否直指历史问题的中心且有明确的观点，二看它是否符合学生的认知水平及能否运用到历史思维。第二次序材料(the Second-Order documents)是支持或质疑第一次序材料的一手材料。第二次序材料是围绕第一次序材料进行选择的，三至五则，或者支持第一次序材料的观点，或者挑战第一次序材料的观点。材料的形式最好多样，如文献、图片、表格等。同样，第二次序材料是由教师挑选的，遵循遴选第一次序材料的标准。与前两个次序材料不同的是，第三次序材料(the Third-Order documents)是学生寻找的，由学生来决定带什么材料进入课堂中。当然，第三次序材料同样应与第一次序材料是互相补充、佐证或挑战的关系。第三次序材料对于学生来说，就是他的第一次序材料③。

三次序材料教学法是一个较为成熟的史料研习模式。它遵循相对固

---

① ［美］萨姆·温伯格等：《像史家一般阅读》，宋家复译，118～122 页，台北，台大出版中心，2016。

② 同上书，序。

③ ［美］弗雷德瑞克·德雷克、莎拉德·雷克布朗：《三次序材料教学法(二)：一个改善学生历史思维能力的系统方法》，陈伟璧译，载《中学历史教学》，2008(9)。

定的程序，有具体的操作方法。这个模式是在萨姆·温伯格的理论指导下建立起来的①，明显能看到来源、语境和佐证这三个要素对其的影响。其创新之处就在它更贴近中学的历史教育，且充分发挥了教师和学生双主体的能动性。历史教学是主体交互性的活动，其最终效果取决于教师和学生的主体间性。前两个次序材料的挑选很见教师的功力与见识；而解读第三次序材料与前两个次序材料的关系，这是学生的创造性活动，是学生主动地建构自己的历史认识。因此，它不仅考虑了历史思维的特性，更考虑了学生学习的原理，将历史学与教育学的理论融合在一起，合理地配置了教师和学生的活动。

常人思考问题，习惯于以己度人、以今度古、易做判断。而历史思维正好与日常思维相反，其特点在于"暂不判断，以及避免用现在主义去了解过去"②。这是因为历史是千头万绪的，史料是难以穷尽的，要避免武断地下结论。因此，历史学家说话的特点往往是"欲言又止"，留有余地。三次序材料教学法对学生最大的益处就是这种思维品质的训练。第二次序材料对第一次序材料进行修正，第三次序材料呈现后再次修正。而且，从学生角度来讲，第三次序材料就是他的第一次序材料，之后可能还有他的第二、第三次序材料。总之，在如此这般的过程中，由于"新"史料的"发现"，学生不断地重新诠释。这就会让学生深刻地体验到历史思维的谨慎，以及历史诠释的暂时性。

每种模式都有自己的适用范围。三次序材料教学法是以史料而非叙述为中心的教学方法。这种教学方法对于教师和学生而言都是巨大的挑战。对于教师而言，寻找适合的前两个次序的材料并非易事；对于学生而言，综合处理这三个次序的材料更是显难度。因此，这种史料研习法效果虽好，但费时费力，只能偶尔为之，发明者们建议，"也许每学期一次或两次"③。

---

① ［美］弗雷德瑞克·德雷克、莎拉德·雷克布朗：《三次序材料教学法（二）：一个改善学生历史思维能力的系统方法》，陈伟壁译，载《中学历史教学》，2008(9)。

② 同上。

③ 同上。

三、加拿大的历史思维能力研究

在加拿大，历史思维研究领域最权威的学者为大不列颠哥伦比亚大学历史意识研究中心彼得·塞克埃斯教授（Peter Seixas）。2006 年，彼得·塞克埃斯发表了《历史思维基准：加拿大的评估框架》，提出了历史思维基准。

受英国学者提出的第二层次概念的影响，彼得·塞克埃斯决定找出最为关键的历史思维概念，以此构建自己的历史思维理论体系。他认为，结构化的历史概念有助于建构历史思维的基础，为此他提出了六个独立的但彼此联系的概念：

建立历史意义（establish historical significance）：为什么今天的我们就会关心历史上的某种时间、趋势和问题？

运用一手证据（use primary source evidence）：怎样寻找、筛选、置于背景中理解和解释一场历史争论中的史料？

识别延续与变迁（identify continuity and change）：什么发生了变化？什么还保持原貌？

分析因果关系（analyze cause and consequence）：某些条件和行为如何、为何导致其他事情的发生？

运用历史视角（take historical perspectives）：理解"过去如同外国"，它有着不同的社会、文化、精神甚至是情感上的背景，塑造着人们的生活方式和行为方式。

理解历史解释的道德维度（understand the moral dimension of historical interpretations）：当今的我们如何评断过去处于不同境况中的行动者？对过去的不同解释如何折射出当今的不同道德视角？当今要为过去的罪行何时、如何承担后果？①

彼得·塞克埃斯教授认为，这六个概念合在一起，有助于学生形成所谓的"历史素养"（historical literacy）。他指出，这些基本要素与其说

---

① Peter Seixas：*Benchmarks of Historical Thinking*：*a Framework for Assessment in Canada*. 加拿大历史思维项目网站，http://www.historicalthinking.ca/sites/default/files/files/docs/Framework_EN.pdf，2022-03-28。本书引用时有删减。

是"技能"，不如说是一系列指导历史学实践的基础概念。历史思维只有与实际内容结合起来才有意义。

为检测学生历史思维的发展水平，彼得·塞克埃斯教授还提出了评估历史思维的框架：

1. 建立历史意义

(1)最高水平，学生将会

• 通过展示事件、人物或发展趋势在更宏大、更有意义的历史叙事中的位置，或其对历史上或现实中长期存在或新出现的问题的启示，来说明历史事件、人物或发展趋势的意义。

• 解释在不同时期或不同群体中历史意义发生了怎样的变化，为何会发生这些变化。

(2)有潜力的学生的任务

• 解释一种意义的成因。

• 选取"最有意义的事件"(例如，在加拿大历史中"最有意义的事件"、20世纪"最有意义的事件"或对于加拿大新移民而言"最有意义的事件")，并做出解释。

• 理解并解释在不同时期或不同群体中历史意义的不同。

2. 运用一手证据

(1)最高水平，学生将会

• 运用几种不同的一手材料建构一个历史事件的原貌。

(2)有潜力的学生的任务

• 寻找并选取恰当的一手材料回答历史问题。

• 通过阐释一则一手材料展现该材料产生的历史背景。

• 分析一则一手材料以解读其作者的创作目的、价值观与世界观。

• 比较几则不同的一手材料的观点与用途。

• 判断某则材料可以说明的问题与无法说明的问题。

• 运用一手材料进行议论或叙事。

3. 识别延续与变迁

(1)最高水平，学生将会

• 解释任意一段历史时期内事物的延续与变迁。

- 认识生活中我们认为一直延续的事物所发生的改变。

- 理解历史分期与对"进步"和"退步"的评判会随着目的与立场的不同而改变。

(2)有潜力的学生的任务

- 按年表顺序排列一系列图片并解释为什么用这样的顺序排列。

- 比较两份(或更多)不同时期的文献,并说出哪些事物发生了改变,哪些事物一直延续。

- 从不同群体在某一特定时段的立场判断"进步"和"退步"。

4. 分析因果关系

(1)最高水平,学生将会

- 在历史改变的过程中,认识预期以外的人类行为与限制人类行为的因素之间的相互影响。

- 知道引发特定事件的多种原因,并用其中的一种或多种原因解释事件。

- 能够进行"反事实"的思考。(如假设 1914 年英国没有对德国宣战,那么……)

(2)有潜力的学生的任务

- 研究日常事件(如车祸)的潜在原因(如司机的驾驶技术与反应时间、司机健康状况与疲劳状况、司机注意力集中情况、车况、车辆构造、天气、路况、信号灯情况、速度崇拜文化以及迎面驶来的车辆的大小等)

- 分析历史学文章中的"原因类别"(如经济原因、政治原因、文化原因、环境原因以及个人原因等)。

- 研究个人动机、意图以及个人行为的结果。

- 制作事件原因的示意图,并说明示意图的构成。

- 知道在事件发生时,人们如何解释事件发生的原因以及该解释与今人的解释的不同之处。

5. 运用历史视角

(1)最高水平,学生将会

- 辨识历史陈述中的现代意识。

• 尽管一些历史人物的行事方法或思考方式看似并不理性，或与今人的所思所为截然不同，学生仍能运用证据和对历史背景的理解去解释这些人物如此行事或思考的原因。

(2)有潜力的学生的任务

• 基于教师提供或自己发现的材料，运用特定视角来写信、记日记或写明信片。

• 比较两则从相反或相异视角出发写成（或绘制）的材料如何展现历史事件，并阐释它们的区别。

6. 理解历史的道德维度①

(1)最高水平，学生将会

• 基于历史事件的背景进行道德判断。

• 运用历史叙事方法对当前的道德或政策问题进行评判。

(2)有潜力的学生的任务

• 研究有着各种矛盾的历史问题，了解当时人们的观念并阐述历史上的冲突对于今人的教育意义。

• 了解今天的道德问题，研究其历史背景以及影响。

该历史思维评估框架抓住了历史思维的关键概念，如历史意义、一手证据、延续与变迁、因果关系、历史视角、道德维度。这些概念的提出，显然是受了英国学者彼得·李和狄更逊等人的启发。彼得·李和狄更逊在他们主持的 CHATA 计划中，提出了两个层次概念之说。描述历史本体的概念为历史概念（Concepts in history），即第一层次概念，如封建制、文艺复兴、容克；描述历史认识方法的概念为第二层次概念，如"史料、解释和变迁"②。第二层次概念的功能是认识历史。第二层次概念的提出，使人们更为关注历史认识的过程而非历史认识的结果（即历史事实）。当然，彼得·塞克埃斯在英国学者的基础上，还增加了

①　原文为 understand the moral dimension in history，而在历史思维基准部分，该处用词却为 understand the moral dimension of historical interpretations。

②　[英]狄更逊：《理性的理解历史与历史教学》，周孟玲译，载《清华历史教学》，1996(6)。

历史意义、历史视角和道德维度等概念，对之进行了丰富。尤其是历史意义和道德维度这两个概念的提出，这就超越了历史认识方法的范畴，而是对历史认知进行了再认识，注意到历史认识主体的价值观念及其对历史认识的影响。

与美国按学段来区分历史思维发展水平不同，该历史思维评估框架直接将历史思维分为最高水平和一般水平。该评估框架列举了最高水平的各种表现，同时描述了一般水平的各种表现。区分水平层次，这是研制历史思维能力体系的一个难点。学术界往往会将能力区分为四级乃至更多。如英国学者彼得·李和狄更逊等人做了大量的实验，对学生的历史理解水平进行划分，从低往高分为迷惑难解的过去、愚昧无知的过去、概括化的固定形象、掺用日常经验的移情、受限制的历史神入、融于时代脉络的历史神入六个层级。① 这种能力的区分，益处在于能帮助教师有针对性地促进学生进步。问题在于水平层次太多，操作起来较为困难，且其划分的科学性难以保障。彼得·塞克埃斯将历史思维划分为最高水平和一般水平，看起来较为粗糙，但却具有简洁的优点，易于操作。

该历史思维评估框架最有意义的，当属它是基于历史教育的理路进行设计的。彼得·塞克埃斯既是大不列颠哥伦比亚大学课程与教学系的教授，也是加拿大历史意识研究所的主席，其专业是历史教育学。加拿大的历史思维评估框架以历史教育为逻辑，自成体系。历史学和其他学科相比，一个最大的区别在于它的研究对象是过去，因此时间对于历史学而言具有特殊的意义。正如克洛德·列维-维特劳斯所言："没有日期就没有历史学……历史学的所有原创性和特殊性便在于理解前后之间的联系。"②因此，美国历史思维能力标准以时序思维能力为开端，很显然就是这种思想的体现。但是，对于历史教育而言，首先要解决的问题并不是时间的问题，而是历史意义的问题。历史知识包罗万象，中学生不

---

① ［英］狄更逊：《理性的理解历史与历史教学》，周孟玲译，载《清华历史教学》，1996(6)。

② 转引自［法］安托万·普罗斯特：《历史学十二讲》，王春华译，88 页，北京，北京大学出版社，2012。

可能全部学习，只能学习那些有意义的知识。但是，如何判定历史知识是有意义的，换言之，该拿什么原则来判定中学生应该记住和学习什么，这才是历史教育应该着力解决的问题。历史意义不能以教科书或教师的观念来认定，也不能以学生是否感兴趣为标准，意义意味着在长时期内对大多数人来说发生了巨大变化。意义是非常复杂的一个问题，因为它取决于后人的视角和意图，而且因时而异、因人而异。

　　当然，该历史思维评估框架也有令人感到困惑的地方。困惑之一，在历史思维基准部分，第六个概念是"理解历史解释的道德维度"（understand the moral dimension of historical interpretations），但是到了历史思维评估框架，第六个概念却是"理解历史的道德维度"（understand the moral dimension in history）。这绝非仅仅是用词不同，其内涵大有差异。前者主要着眼于反思历史研究者或学习者（即历史解释者）的道德观念：后人用什么样的道德标准去衡量古人？后人对过去的不同解释折射出解释者的不同道德标准？后人是否应该为古人的罪行承担道义上的责任？后者主要着眼于历史中的道德问题：研究历史上道德冲突的问题；基于历史视角对过去的道德问题进行评判。二者虽然有联系，但毕竟侧重点是不同的。困惑之二，一手证据、延续和变迁、因果关系、历史视角之间的逻辑关系令人费解。一手证据属于史料的范畴，延续和变迁、因果关系属于历史解释的范畴，历史视角接近于历史理解。关于理解与解释的关系，历史哲学家发表了许多不同的观点，但大多数人的看法是，理解着眼于内，解释着眼于外；理解在先，解释在后，在理解的基础上进行解释。但在加拿大历史思维评估框架中，解释在先，理解在后。困惑之三，加拿大历史思维评估框架重视一手证据，一手证据在历史研究中的确具有不可替代的价值；但是，历史学习不同于历史研究，其目的不在于学生通过一手材料去获知历史的真相（从条件和能力上均不可能），而在于通过对一手证据和二手证据的辨别与运用，去培育学生的历史思维。故此，二手证据和一手证据对于历史学习来讲是不可偏废的。

　　彼得·塞克埃斯提出历史思维基准之后，与其他专家和中学教师合作，持续推进"历史思维项目"（Historical Thinking Project），开发了许多关于历史思维的课程材料和出版物，其研究成果在国内外产生了重要影响①。其历史思维基准被直接搬入曼尼巴托省的社会科课程标准，成为构建历史课程内容的重要依据。②

四、德国学者的相关研究

在德国，历史教育学最核心的概念是历史意识和历史文化（而非历史思维）。历史意识最早出现在历史教学中③，然后才蔓延至历史哲学界，连德国最权威的历史哲学家约恩·吕森都参与了讨论。近年来，历史文化这一概念在德国历史教育界兴起，并发挥着越来越重要的作用。"'历史意识'涵盖了个体对于历史的所有理性和情感上的精神活动总和。'历史文化'被定义为社会中能作为历史意识的表现（或客体化）被观察到的所有现象的总和。简言之，'历史意识'意指人类意识活动，而'历史文化'是指'历史意识'可被感知的外在呈现。这两个术语共同构成了历史教育学的学科基础。"④

在德国，一般认为，历史意识包括：时间意识、真实性意识、变迁意识、认同意识、政治意识、经济意识、道德意识。⑤ 还有学者认为，历史意识包括五种能力：提问能力、方法能力、实际能力、媒介能力、导向能力。⑥ 从其表述来看，历史意识显然是包含历史思维的。

德国是一个联邦制国家，教育实行地方自治。北莱茵-威斯特法伦州是德国经济最发达地区，也是人口最多的州，文化教育发达，其课程标准具有代表性。北莱茵-威斯特法伦州课程标准所规定的能力关乎学

---

① 参见冯丽：《加拿大历史思维项目探析》，硕士学位论文，新疆师范大学，2014。

② 参见赵亚夫、张汉林主编：《国外历史课程标准评介（上卷）》，306 页，北京，北京师范大学出版社，2017。

③ ［德］斯特凡·约尔丹主编：《历史学科基本概念辞典》，孟钟捷译，82 页，北京，北京大学出版社，2012。

④ ［德］苏珊·波普：《公众史学与历史教育学》，载《历史教学问题》，2019(1)。

⑤ 孟钟捷：《历史思维素质培养的深度与广度——来自德国的经验》，载《历史教学（上半月·中学版）》，2011(10)。

⑥ ［德］斯特凡·约尔丹主编：《历史学科基本概念辞典》，孟钟捷译，84 页，北京，北京大学出版社，2012。

生人格的养成与价值观的涵养。北莱茵-威斯特法伦州课程标准认为，社会科学类专业的能力是指"对于不同民族与文化类型的批判性反思、价值观教育、同情心与团结精神的培育、社会责任心的养成、民主社会建设、（可持续发展意义上的、为了子孙后代的）自然环境的保护意识和共同塑造文化的能力。"①用他们自己的话来讲，这是"将学生的学习成果同专业能力培养"结合在一起。②

德国北莱茵-威斯特法伦州课程标准构建了一个完整的历史思维能力体系。该体系是由四种能力组成——事实能力、方法能力、评判能力和行动能力。事实能力简单来讲即处理历史事实的能力，其核心是处理历史叙述的能力；方法能力是指处理历史材料和对材料的解读；评判能力指学生"通过论证，表达自己观点的能力"，包含事实判断和价值判断；行动能力是指"历史性思维的过程与结果有效地被运用于生活世界"。③事实能力、方法能力、评判能力和行动能力，分别对应着历史的本体论、历史的方法论、历史认识论和历史功能论。这样构建的逻辑，确实也是独树一帜。也正因为如此，北莱茵-威斯特法伦州历史思维能力的表述较为抽象，专业性更强，难度似乎也更大。

对于每一种历史思维能力，北莱茵-威斯特法伦州课程标准都详细地阐释了其具体表现。以历史事实能力为例，共有六条表现：能够将历史的结果、人物、过程和结构根据其各自的差异性，整合到时间、空间和事实性主题的关联之中；在符合事实的前提下，运用不同的历史专业概念解释历史事件、任务、过程、结构和时代特征；解释历史事件和过程的动机和原因、发展形式以及结果和影响，注意历史事件、过程当中的相互联系以及历史现象的共时性和非共时性；在各自不同的历史框架

①　《北莱茵-威斯特法伦中等教育阶段（二）高级人文与综合中学核心教学计划·历史》，见赵亚夫、张汉林主编：《国外历史课程标准评介（下卷）》，19页，北京，北京师范大学出版社，2017。

②　同上书，18页。

③　赵亚夫、张汉林主编：《国外历史课程标准评介（下卷）》，21～22页，北京，北京师范大学出版社，2017。

条件和行为活动空间的背景下，从历史参与者和相关者各自利益的思想模式的视角出发，阐释事件、发展、结构以及人物思想和行为中的关联；辨识过去留存在现在中的痕迹，解释这些痕迹对今天的意义以及当前所发生现象的历史条件；结合具体事例，通过提问、比较和区分的方法将历史与现实联结起来。

五、从国外研究视角得到的启示

当前我国历史课程改革正在全面深化，要求把培育学科核心素养作为主要任务。所谓学科核心素养，是指学生通过学科学习而逐渐形成的正确价值观、必备品格和关键能力。而历史学科的关键能力，就是指历史思维能力，因为历史学科能力的本质属性是由历史思维能力规定的。故此，历史学科核心素养的提出，必然呼唤学术界加强对历史思维能力的研究，并取得突破性的进展。在这样一种背景下，国外历史思维能力研究，为我们提供了有益的借鉴。具体来讲，其启示主要体现在知识观、方法论和效能观三个方面。

首先，在知识观上，历史教学中什么知识最有价值？长期以来，知识教学统治着我国的历史教育。这里所谓的知识，仅限于知识的一种——事实性知识。而知识的内涵本来是极为丰富的，认知心理学将其分为陈述性知识、程序性知识、策略性知识，经合组织将其分为知道是什么、知道为什么、知道怎么做、知道谁有知识，新修订的布卢姆教育目标分类学将其分为事实性知识、概念性知识、程序性知识、元认知知识。不管哪一种分法，事实性知识（或曰陈述性知识、知道是什么）都只是其中的一种。亦即，具体到历史学科，不仅有史实知识，还有史料知识、史法知识、史观知识、史德知识等。英国的历史思维能力研究，最重要的贡献就是提出了第二层次概念并在此基础上建构历史思维能力框架。

其次，在方法论上，如何转向实证研究的范式？当下，"中国教育研究应转向实证研究范式"①已成为我国教育学界的主流意见，历史教

---

① 靳晓燕：《中国教育研究应转向实证研究范式——全国教育实证研究联席会议发布华东师大行动宣言》，载《光明日报》，2017-03-02。

育界也有学者呼吁"历史思维研究需要实证基础"①。我国学者对历史思维能力的研究，除 20 世纪 90 年代有过短暂的零星的实证研究外，基本上还停留在思辨的层面。思辨的研究能有效地解决历史思维能力框架的问题，但在其他方面(尤其是历史思维能力的分层与测评)，必须通过实证研究才能令人信服。国外历史思维能力研究，早就先行一步，如英国彼得·李等人的 CHATA 计划、美国萨姆·温伯格的史料阅读实验和加拿大彼得·塞克埃斯的历史思维项目，都经历过长时间的实证研究。认真总结其研究历程，分析其经验或教训，有益于我们改进研究方法、提高研究质量。

最后，在效能观上，研究成果如何惠及历史教学？历史教育研究属于应用研究而非基础研究，即使产生的是理论忭成果，也应能致用于课程标准制定、教材编撰和课堂教学等实践性环节。国外历史思维能力研究成果或者直接变成了课程目标(如英国、加拿大、德国)，或者进一步开发了可供学生直接使用的各种历史思维工具(如萨姆·温伯格史料阅读的工具)，或者演变而成具有学科特色的教学模式(如三次序材料教学法)。究其原因，是因为高校研究者与中学教师紧密合作，建立具有共同愿景的学术共同体。在这个共同体中，高校研究者和中学教师各司其职、各尽其能，前者确保研究的专业性和学术性，后者则确保研究的实用性和操作性。

---

① 赵亚夫：《美国学者眼中的历史思维及其对我们的启示》，载《历史教学(中学版)》，2011(4)。

第三章　历史思维能力体系的建构

　　建构历史思维能力体系，须在澄清历史思维能力概念的基础上，立足于我国历史教育的基本诉求与实际情况，使其符合中学师生的现有水平和发展需要，做到理想与现实的平衡，既能在理论上立足，又可在实践上操作。

第一节　建构历史思维能力体系的基本原则

一、立足历史教育的核心价值

　　历史教育学要植根于历史学，但与历史学存在着重大差异。二者的首要差异体现在研究对象上，历史学的研究对象是人类的过去活动；历史教育学的研究对象则是历史教育现象，居于首位的则是"以学生学习行为为核心的教育教学活动"①。研究对象的差异，决定了二者其他方面的不同，比如研究目的、任务和方法。故此，建构历史思维能力体系，不能仅仅着眼于历史学，更应从历史教育学出发，基于历史教育的核心价值来建构历史思维能力体系。

　　历史教育学是历史学和教育学的交叉学科，追寻历史教育的价值，应分别从历史学的价值与教育学的价值中去寻找，但又不能是二者的简单相加。历史学要回答的是历史是什么及历史认识何以可能的问题。"教育学是有目的地培养人的社会实践活动"②，它的基本问题是教育与人的发展的关系。历史教育学要回答的则是学生为何要学历史及如何学历史的问题。

　　学生为何要学历史？这是一个关乎历史教育存在价值的根本问题。

---

①　赵亚夫：《中学历史教育学》，26页，北京，中国建材工业出版社，1997。
②　黄济、王策三主编：《现代教育论》，47页，北京，人民教育出版社，1996。

历史教育自古即有，在古代，历史教育是少数人（贵族或精英）的素质养成教育，所谓"以史为鉴"就是对其价值的最为常见的回答。近代以来，历史教育的接受人群则为一个国家的全体公民，历史教育的价值因而随之发生变化。赵亚夫师认为，历史教育"于课程功能而言，凸显公民教育的宗旨"，"于课程性质而言，凸显人格教育的宗旨"。历史教育的公民教育与人格教育的属性，要求历史教育必须"有生活气息且富于思考"①。在历史教育中，学生在教师的指导下，质疑、尝试、实证、理解、反思、批判和创造，这样的"思考和作业方式极适宜深刻的公民资格熏陶"②。故此，历史教育从根本来讲就是人格教育与公民教育。人格教育与公民教育是一体两面。人格教育是从个体角度来讲的，每个人都是不一样的，历史教育的目的就是帮助学生认识自我，做好自我。公民教育是从社会角度来讲的，一个人格完善的人，必然会积极参与公共生活，自主思考、自主决策、自主担责，成为一个合格的社会公民。③简言之，历史教育就是要培养完善的人格与合格的公民，为学生的全面发展服务。

基于这样的维度去思考历史思维，我们就会注意到，历史思维能力具有工具理性和价值理性的双重属性。从工具理性来讲，它有助于学生深入地认识历史，获得历史知识；从价值理性来讲，它有助于学生人格的健全与公民素养的培育。而在建构历史思维能力时，我们更加看重的应该是其价值理性，对于那些只具备纯粹工具理性的内容则应该割弃。比如，对于历史学家而言，考据是一门基本功，它去伪存真、正本清源，是确认历史事实的重要手段。历史学重在确认事实，但历史教育则重在理解事实的意义。烦琐的校勘、辨伪、辑佚、注疏、考订，更多的是体现出工具理性，中学生可以掌握一些最为基本的常识，但不宜在历史思维能力体系中占据重要位置。

---

① 赵亚夫：《追寻历史教育的本义——兼论历史课程标准的功能》，载《课程·教材·教法》，2004(3)。

② 齐健、赵亚夫等：《历史教育价值论》，82页，北京，高等教育出版社，2003。

③ 张汉林：《历史教育：追寻什么及如何可能》，7页，北京，中国民主法制出版社，2016。

又如，"史料实证"是历史学家的基本追求。但是，即使是历史学家，要用史料去证实或证伪某事，也是比较困难的，它要求将现存于世的史料搜罗齐全，竭泽而渔。有时，即使找到了现存于世的所有史料，但由于史料的残缺，也只能存疑或悬置，而不能证实或证伪。更何况，"史料实证"仅能完成历史学的一小部分工作——确认历史事实，更多的工作（如因果关系的解释和历史意义的阐释）是无法通过"史料实证"来完成的。因此，对于中学师生而言，在有限的课时中，在简陋的资源条件下，"史料实证"显然是无法做到的，也是不必去做的。而对于"史料实证"的过分强调，已经在历史教育中导致了"史料实证"的异化。这主要表现在：将"史料实证"泛化，将其运用于因果关系的解释和历史意义的阐释中。这是因为，用史料去证实或证伪某事是中学历史教学难以承受之重，历史教师只好等而下之，拿史料去证明观点，以为这就是"史料实证"。这种现象在中学历史教学已屡见不鲜。实际上，这是"史从论出"的表现，与真正的历史思维是完全背道而驰的。

总之，在构建历史思维能力的框架时，要看到历史有效教学的原动力在历史学，从历史学的角度去考虑问题；也要看到历史教育与历史学的差异，从历史教育的核心价值去考虑问题，不能简单地将历史教育看成是历史学的"幼稚版"。

二、解决历史教学的实际问题

历史思维能力是学生应该且能掌握的能力，学生应该掌握但不能掌握的，学生能掌握的但不应掌握的，都不在讨论的范围。故此，建构历史思维能力体系，须从历史教育中实际存在的问题与需要出发，有针对性地提出学生历史思维能力的表现标准，否则就会出现曲高和寡的尴尬局面，起不到应有的引领作用。

当前历史教育实践中历史思维的培养存在很多问题。其中，最为突出的问题是欠缺从史料的来源进行思考的意识，表现在教科书对某些史料不标明来源，学生不关注史料来源等，这就容易导致对史料的理解与解释出现偏差。

这种思维方式体现在历史教育的各个环节，不仅是教科书和教学，还体现在考试评价中。比如，有这样一道历史试题：

材料一："无论日本军队此后如何在东北寻衅，我方应不予抵抗，力避冲突"。

——蒋介石给张学良密电

材料二：张学良说，他因"彷徨无策"而交结共产党，因为当时共产党停止内战、共同抗日的主张"实攻我心"，"不只对良个人、并已撼动大部分东北将士，至少已渗入少壮者之心"。

材料三："命令前线官兵坚决抵抗，卢沟桥即尔等之坟墓，应与桥共存亡，不得后退"。

请回答：

(1)材料一的政策产生了什么严重后果？

(2)根据所学知识你认为，张学良为什么会"彷徨无策"？

(3)与材料二有关的重大事件是什么？其最终解决有何意义？

(4)材料三描述的事件标志着什么？

这三则材料，几乎都是"无时间、无作者、无出处"的"三无材料"。材料一出自教科书，命题者照搬过来。材料二出处不明，是张学良何时面对何人针对何事发表此意见，读者不得而知。材料三同样出自教科书，但教科书的原文是：

命令前线官兵坚决抵抗，"卢沟桥即为尔等之坟墓，应与桥共存亡，不得后退"。

——第二十九军司令部命令

命题者粗心地将"命令前线官兵坚决抵抗"看成了是第二十九军司令部的命令中的字句，进而产生了衍文。

这类试题的问题在于：在没有时间、没有出处、没有作者的情况下，命题者就要求学生对史料贸然做出判断。这种思维方式是非常粗糙的，其实质是将史料等同于史实，要求学生无条件地接受史料的信息，而无须以审慎的态度去比较、斟酌、判断和探究。在学校历史教育中，这种思维方式是无益的，它无助于学生深入地理解历史，还不至于给学生造成什么实质性的伤害。然而，到了社会生活中，这种思维方式就不仅是无益的，更是有害的了。在众声喧哗的生活世界（尤其是网络世界）里，学生或者只相信自己最早看到（或自己愿意相信）的那个观点或材料，对其他观点和材料嗤之以鼻；或者在遇到互相冲突的观点和材料时束手无策、无从判断该相信什么和不信什么。总而言之，在这种思维方式的熏陶下，学生将会形成武断的而非审慎的、偏激的而非宽容的、顺从的而非独立的品性，这对其个人乃至整个社会都是不利的。

　　另一重要问题是学生不习惯于理解古人。他们往往倾向于对历史人物品头论足，而不是尝试着换位思考，同情理解。历史本应"有助于学习者拥有平衡感、辨识力、同理心和好奇心"①。许多国家都将同情理解作为历史教育的目标。新加坡官方意见认为，共情是历史学习者必备的七种学习品质之一，即学生"不以现代眼光为价值评判标准，而是站在历史的角度理解历史发展变化的原因"②。美国学者则形象地将这比喻为"透过他们的眼睛"（Through Their Eyes），去了解人们是如何观察他们的世界的。他们认为，考察处于不同的时间、空间和处境的人们理解世界的方式是必要的和迷人的，我们要考虑人们的经历、需要和世界观是如何地影响他们的行为和事情的发展方向的。③ 对远在古时和异地的人们的同情理解，有助于促进学生对现时和身边的人们的同情理解，形成换位思考的能力，养成宽容理解的品性。

　　总之，建构历史思维能力框架的另一途径是从现实存在的问题出发，去寻求解决之道。在我国的历史教育中，不查证史源、不同情理解在一定范围内存在，那么，强化学生的史源意识、同情意识，就成为提升学生历史思维能力的必由之路。抓住当前历史教育实践中历史思维培养的关键问题，作为细化历史思维能力表现标准的抓手，是一个事半功

---

① 《新加坡初中历史教学大纲》，沈婷、张文洁译，姚锦祥校，见赵亚夫、张汉林主编：《国外历史课程标准评介（下卷）》，350 页，北京，北京师范大学出版社，2017 年。

② 同上书，350 页。

③ Nikki Mandell，Bobbie Malone：*Thinking Like a Historian：Rethinking History Instruction*，Wisconsin Historical Society Press，2008，p. 8.

倍、行之有效的做法。

三、方便历史教师的教学操作

历史思维能力框架虽然要建立在理论的基础之上，但它不是学术论文，而是操作理论。历史思维能力框架的主要使用者是学生和教师，而不是学者。教师使用历史思维能力框架，是为了以此为目标来设计教学活动；学生使用历史思维能力框架，是为了获得正确的历史思维的路径与方法。因此，历史思维能力框架应该结构简明，让中学师生能抓住要领；不能空泛浮华，使中学师生无从下手。而要做到这一点，一个可行的办法就是抓住历史思维的核心概念，以此为中心构建历史思维能力体系。

概念是"复杂的高级反应系统"①。它拥有神奇的力量，能将复杂的世界简约化，使主体能把过去习得的经验、知识运用到新的情境之中，去解决新的问题。概念是思维的细胞，思维的运行有赖于一个又一个的概念。比如，如果人们没有使用"文艺复兴"这样的概念对14—17世纪西欧社会的那段历史进行概括，那么，在学习或研究那段历史时，我们只能使用一个又一个具体的现象与形象，思维起来会非常困难。因此，概念具有化繁为简的功能，能将过去的经验与知识概念化，以便应对将来可能面对的各种问题。此外，语言对思维具有强大的反向塑造作用。比如，"北伐战争"这个概念，意味着这场战争对于南方来说是正义的，因为所谓"伐"，是指有道伐无道。又如，"文艺复兴"这个概念，意味着古典时代是辉煌，中世纪是黑暗的，所以才要去"复兴"古典时代的辉煌。当我们不假思索地使用这些概念的时候，我们的思维已经被这些概念所定向。语言的反向塑造作用还意味着，如果一个人的语言缺乏某个概念，他就缺乏对这方面知识的深入思考。而当一个人拥有新的概念，他就会获得思考世界的新领域或新角度。

在历史思维的过程中，有两类概念，一类是有关历史本体的概念，

---

① ［英］罗伯特·汤姆生：《思维心理学》，许卓松译，57页，福州，福建科学技术出版社，1985。

如分封制、启蒙运动、抗日战争、土地革命、资产阶级，它们是对历史现象、人物、制度、事件等的概括性的认识；另一类是有关历史认识的概念，如证据、一手材料、因果关系、理解、历史叙述等，它们是对历史认识的过程与方法的概括性认识。这两类概念都很重要，第一类概念是历史思维的对象，第二类概念是对历史思维方法的概括。构成历史思维能力体系核心的概念，是指第二类概念。因为语言对思维具有强大的反向塑造作用，如果学生拥有第二类概念，那么，他们就会获得思考历史问题的新领域和新角度。在运用这些概念的过程中，学生就懂得了这些概念的含义，意识到自己在进行历史思维，从而对自己的思维进行监控与调适，让思维运行在正确的轨道上。从目前来看，学生掌握的基本上是关于历史本体的概念，而有关历史认识的概念则知之甚少，这当然不利于学生历史思维能力的涵养。

"概念至少有两种功能：外延作用和内涵作用"[1]。外延作用对于不同的主体来讲基本是相同的，内涵作用则因人而异。比如，看到青铜器，人们都知道这叫文物，此即所谓的外延作用。但是，文物对于不同的人来说，其引起的反应是有所不同的，这就是所谓的内涵作用。有的人将其视为财富的象征，必欲据之而后快；有人则将其视作精美的工艺品，必欲睹之而后快；有的人则将其视为古人生活的见证，希望能由此增进对古人生活的理解。因此，概念的内涵作用，是由主体的经验和个性决定的。这就给历史思维能力框架的建构提供了一个启示，即要对历史思维的概念进行明确界定，并对其表现标准做出具体叙述，以确保经受过良好历史教育的学生能够对历史思维的概念做出大致相同的反应。否则，如果学生对同样的历史思维的概念做出了迥异的反应，概念就难以起到应有的、作为思维这匹野马的缰绳的作用。

从国际经验来看，世界各国在建构历史思维能力框架时，基本上都是围绕核心概念来搭建的。美国国家历史课程标准中的五项历史思

---

① ［英］罗伯特·汤姆生：《思维心理学》，许卓松译，56页，福州，福建科学技术出版社，1985。

维标准(时序思维、历史理解、历史分析和解释、历史研究能力、历史地分析问题并做出决策),德国北莱茵-威斯特法伦州历史课程标准中的四项核心能力(事实能力、方法能力、评判能力、行动能力),加拿大的彼得·塞克埃斯提出的历史思维基准(建立历史意义,识别延续与变迁,分析因果关系,运用历史视角,理解历史解释的道德维度)均是如此。概念是鉴别的工具、补充的工具、把一种事物纳入一种体系的工具①。当学生掌握了历史思维能力的核心概念,他们就能在思考历史问题的时候,在概念的帮助下去认识新的事物,完善自己的思考。

第二节　基于核心概念的历史思维能力体系

历史思维能力体系的四个核心概念分别是:时间、证据、理解、意义。

一、时序思维的能力

在古汉语中,"历"为"经过"之意,本身就与时间相关。历史思维的本质特征之一便是在时间中思考(thinking in time)。当学生学会运用时间概念去思考历史事物时,便掌握了人类社会发展的纵深维度。值得注意的是,历史学的时间并非仅仅指向过去,实际上,它同时指向过去、现在和将来。

基于时间的历史思维能力有以下几种具体表现。

1. 掌握关于时间的基本术语,如天干地支、公元、世纪、春秋战国、中世纪等。

这是最为基本的技能,学生应该懂得这些术语的含义,并能够在叙述历史时恰当地加以运用。

---

① [美]约翰·杜威:《我们怎样思维·经验与教育》,姜文闵译,129页,北京,人民教育出版社,2005。

2. 按照时间的先后顺序来排列各种历史事件，对其关系做出初步的判断。

时序性是历史叙述的基本特征。确定事件的先后顺序，其要义在于理解历史事件的因果关系。但需要注意的是，时间顺序仅仅是帮助学生理解事件因果关系的辅助条件，而非全部条件。不能机械地认定时间在前的事件一定是时间在后的事件的原因，也不能机械地认定时间在后的事件一定是时间在前的事件的结果，它们有可能仅仅是一种相关关系；对于因果关系的确定，要非常慎重。

3. 知道历史分期是人为的，运用延续和变迁的概念去探讨各种分期的合理性和局限性。

历史学家研究历史，不能不将过去分成不同的时期。分期实质上是在判断历史发展的延续性和变迁性。在同一历史时段内，以延续性为主；不同历史时段之间，以变迁性为主。由此可见，对过去的分割，是历史学家理解和解释过去的一种工具。但是，值得警惕的是，分期是历史学家按照一定的标准进行的人为分割，它在凸显一部分历史事物的同时，会遮蔽另外一部分历史事物。而且，随着时代的变化、历史学家认识的深入或视角的转化，分期的标准随之发生变化，旧的分期就会被新的分期所取代。因此，对于中学生而言，记住分期是次要的，关键在于理解以何种标准对历史进行分期，并借助对分期的探讨来理解历史发展的延续性和变迁性。

4. 理解历史发展的历时性和共时性，运用历时性和共时性的思维去分析历史问题。

历时性和共时性是语言学家索绪尔提出的概念。他说："有关语言学的静态方面的一切都是共时的，有关演化的一切都是历时的。同样，共时态和历时态分别指语言的状态和演化的阶段。"①借用到历史领域，历时性强调的是随着时间的流逝人类社会所发生的演化，共时性强调的

---

① ［瑞士］费尔迪南·德·索绪尔：《普通语言学教程》，高名凯译，112 页，北京，商务印书馆，1980。

是在同一时间不同领域（或地域）的差异状态。对于历时性，我们以前强调过多，容易让学生产生历史是线性发展的错觉。其实，历史的不同领域（或地域）并非是齐头并进的，这个领域（或地域）已经进入 21 世纪，那个领域（或地域）还停留在 19 世纪，这就是共时性。历时性思维和共时性思维并不矛盾，它们是互补的，学生掌握历时性和共时性思维，有助于更加全面地认识历史问题。

5. 知道长时段、中时段、短时段的理论，并将其运用于对相关历史问题的分析。

长时段、中时段、短时段是年鉴学派代表人物布罗代尔提出的时间理论。强调这种理论，其目的不在于照搬这种理论，而在于这种理论能帮助中学生开阔其思维的视野。首先，历史是错综复杂的，任何将其简单化的倾向都是危险的。理解历史，应该综合多种因素，如自然环境、经济、思想、制度、事件、政治、社会生活、人群心态等。其次，人类历史的不同领域应该用不同的时段去衡量。政治史、事件史应该用短时段去衡量，自然环境与人的关系的演变史应该用长时段去衡量，经济史、思想史、制度史、社会史应该用中时段去衡量。要求一个民族的思想在短时间内发生转变，这无疑是一种苛求。最后，所谓的长中短，也不必固守布罗代尔的原意，可引申为长期因素、中期因素、短期因素，一些重大历史事件的发生，就是长期因素、中期因素和短期因素综合作用的结果。

6. 区分过去、现在和未来，并掌握三者的联系。

通过历史教育，学生应该认识到：过去和现在有别，古人的价值观念、生活方式与社会背景不同于今人的价值观念、生活方式与社会背景，因而不能简单地套用现在的情形去理解过去。但是，过去和现在并非没有联系，现在是由过去发展而来的，几千年以来，点滴变迁汇聚在一起，陌生的过去就演变成熟悉的当下。故此，理解现在有助于理解过去，理解过去也有利于理解现在。更何况，现在之所以对过去感兴趣，将过去从时间的帷幕后召唤出来，是因为现在需要过去，或者要过去为现在提供合法性论证，或者利用过去的经验来为解决当下的问题提供启示，以便建设一个更好的未来。于此，钱穆曾有妙语："过去与未来相互拥抱，相互渗透，而其机括则操之于现在。而现在则绝非一瞬息一刹那，即过去即未来皆在现在之宽度中。"①

二、运用证据的能力

在某种意义上，历史研究与警察破案有类似之处。二者都强调搜集证据，用证据来建构一幅关于过去的或关于犯罪的图景。在历史学科中，被用作证据的是史料。史料（sources）与证据（evidence）既有联系，又有区别。史料侧重于静态的描述，它与史实、史法、史观、史识等共同构成历史研究的几大要素。相比较而言，证据更强调其动态性，是指人们在论证某个历史问题的过程中所使用的史料。亦即，当人们使用"证据"一词之时，就意味着他们已经有了问题，并试图运用史料对其进行论证。此处之所以用"证据"而不用"史料"，就是为了强调学生在解读与运用史料的时候要有问题意识。历史思维始于问题，在解决问题的过程中才能得以展现或受到训练，问题、证据与思维是紧密联系在一起的。当然，在史料成为证据之前，学生也需要对史料有所认识，因此，在下面的叙述中，视语境来决定使用史料还是证据。

在历史学习中，学生应该批判性地对待史料，不轻信史料，而应抱着谨慎的态度对其立场与动机进行初步的鉴别；重视证据和推理，"有几分证据，说几分话。有一分证据，只可说一分话。有七分证据，只可说七分话，不可说八分话，更不可说十分话"②；不轻信一面之词，要在综合正面证据和反面证据、正面观点和反面观点之后才审慎地做出结论，力图保持思维的公正性；承认自己的局限性，知道自己掌握的史料总是不足的，解释总是暂时的，在新的证据面前，愿意修正自己的原有观点。

---

① 钱穆：《中国今日所需要之新史学与新史学家：本文敬悼故友张荫麟先生》，载《思想与时代》，1943(18)。

② 胡适：《致刘修业》，见耿云志、宋广波编：《胡适书信选》，337 页，北京，外语教学与研究出版社，2012。

基于证据的历史思维能力有以下几种具体表现。

1. 判断史料的形式，如原始材料和二手材料，文献材料、实物材料和口碑材料，直接史料和间接史料，有意证据和无意证据，并知道不同形式的史料具有不同的价值。

在将史料作为证据之前，学生要懂得史料学的基本知识，这其中，最为基本且对历史教育最有意义的当属史料的分类。以史料的产生时间为标准，史料可以分为原始材料和二手材料；以信息的载体为标准，史料可以分为文献材料、实物材料和口碑材料；以史料的留传方式为标准，史料可以分为直接史料和间接史料①；以史料作者的意图为标准，史料可以分为有意证据和无意证据②。不同形式的史料具有不同的价值。一般而言，原始材料、实物证据、无意证据、直接史料的可信度与证据力更高，但也有例外情况。比如，一则原始材料可能同时也是有意证据，作者出于特定的动机做出了虚假的陈述。此外，不同形式的史料在特定的问题上具有独特的价值。比如，伪造的史料对于还原它所陈述的事情的真相来讲是无益的，但对于研究作者的思想却是极具价值的材料；神话虽然玄幻，但它可用于研究一个民族在起源时期对于世界与自身的态度。区分史料的种类，有助于培养学生批判性阅读史料的意识。

2. 当看到历史教科书及各种历史著述中引用的史料时，习惯于查找史料的最初来源，判断史料的引用与解读是否符合原意。

史源学是由陈垣发扬光大的一门学问。陈垣的金言："史源不清，浊流靡已。"的确，如果史料从源头上就是错误的，或者引用不符原意，那么，其结果只能是以讹传讹。陈垣曾发现赵翼、顾炎武、全祖望、钱大昕、王鸣盛等大家在引用史料上的错误。当然，史源学博大精深，前提是学者熟稔文献学、目录学、版本学、校勘学、训诂学等，这样才能真正做到正本清源。对于中学生来讲，所谓查证史源，当然不可能也无

---

① 傅斯年：《史学方法导论》，雷颐点校，3 页，北京，中国人民大学出版社，2004。

② ［法］马克·布洛赫：《历史学家的技艺》，张和声、程郁译，48～49 页，上海，上海社会科学院出版社，1992。

须如此专业，它更多的是指一种意识，凡事多加一分小心，不人云亦云，有刨根究底、查阅原文的习惯。比如，肯尼迪的著名演讲词"如果自由社会不能帮助众多的穷人，就不能保全少数富人"，许多著作都以为这是肯尼迪在宣讲他的社会福利政策①。这种理解在中学的课堂教学与考试试题中更是不胜枚举。但是，查阅原文就会发现，这段话的前一段是欢迎"走到自由行列的新兴国家"，后一段是承诺帮助"国境之南的各姊妹共和国"，这段话自身是讲要援助"全球各地"（across the globe）的贫困人口②。因此，从语境来看，"如果自由社会不能帮助众多的穷人，就不能保全少数富人"应该是指美国的对外援助政策，而非国内的社会福利政策。

3. 从史料的制作时间、作者身份、写作对象、动机、时代等方面，对其承载的信息进行鉴别。知道史料已经预设了角度，不仅懂得史料想要告诉我们什么，还要关注史料回避了什么，以及我们能从中推断出什么。③

史料均是人为制品，人们有意或无意地预设了角度，在史料中注入了自己的思想，史料的制作时间关系到作者得知所记录事情的方式以及对所记录事情的态度。史料作者的身份决定了史料切入所记录事情的角度与立场。有的作者在制作史料时，心中已有预设的特定或不特定的读者，这就影响到他们对内容的选择（记述什么和回避什么），以及对表达方式的偏爱。时间、作者身份和读者这三个因素共同决定了史料的动机，即作者为何要制作史料，他想要告诉我们什么，不想让我们知道什

---

① 如李世安等主编：《世界现代史新论》（第三编），47 页，北京，中国华侨出版社，2007；周毅编著：《美国历史与文化》（第 2 版），127 页，北京，首都经济贸易大学出版社，2015；彭树智主编：《世界史（现代史编）》（下卷），322 页，北京，高等教育出版社，1994。

② 文祥、丁一译著：《外国著名演讲赏析》，208～209 页，长春，吉林文史出版社，1988。该译文有一处错误，across the globe 应为"全球各地"之意，被错译为"半个地球"。

③ 该观点受到了英国人希拉里·库伯提出并经克莱尔·莱利修正的"分层推理"模型的启发，但有所损益。参见曹祺：《理解"证据"：来自英国历史教学的经验与启示》，载《中学历史教学参考》，2017(8)。

么，并希望借此达成何种目的。此外，史料的时代属性还不自觉地透露出一个时代的隐秘信息，如《史记·周本纪》记载："周后稷，名弃。其母有邰氏女，曰姜原。姜原为帝喾元妃。姜原出野，见巨人迹，心忻然说，欲践之，践之而身动如孕者。"史料记载如此不可思议的事情，是想告诉我们圣人出身之卓尔不凡。其实，"圣人皆无父，感天而生"的现象在世界各地许多民族的传说中都有。正如摩尔根所说："他们保留了氏族始祖的母亲的名字，并认为始祖是由他的母亲同某位神祇交合诞生的。"①因此，这段材料传达的隐秘信息应该是后稷是周族从母系氏族转往父系氏族的关键人物。

4. 知道史料的价值取决于问题，能叩问史料，与作者对话，提出有价值的问题，并将史料作为证据，尝试去解决问题。

史料的价值取决于它能否解决问题。问题找准了，史料就变身为证据，发挥其还原历史、解释历史的功能。而要发现问题，关键就在于审问史料，对话作者，探究其为何如其所是地记述。在历史教学中，激发学生的问题意识极为重要，是学生学会像历史学家一样思考的关键所在。比如，《后汉书·宦者列传》记载："伦乃造意，用树肤、麻头及敝布、渔网以为纸。元兴元年奏上之，帝善其能，自是莫不从用焉，故天下咸称'蔡侯纸'。"蔡伦本为"尚方令"，职责是监作"秘剑及诸器械"，为何要在业余时间从事造纸术的改进？既然"不务正业"，蔡伦何以敢于向皇帝邀功请赏？皇帝又为何要对蔡伦的"不务正业"予以奖赏？

5. 综合运用正面证据和反面证据，谨慎地提出自己的结论。

历史是复杂的，众声喧哗，不同材料的信息与观点常常是互相对立的。在历史学习中，先有观点，再找寻有利的证据，对不利的证据视而不见，这种学风是粗浅乃至有害的，其结果只能是固执己见、党同伐异。受过良好的历史教育的学生，在看到一则材料时，应该想想有没有其他与之类似的材料（正面证据），有没有与之相反的材料（反面证据），

---

① ［美］摩尔根：《古代社会》，杨东莼、马雍、马巨译，247 页，北京，中央编译出版社，2007。

在正与反的辩驳中淬炼自己的思维，发出理性的声音。接受过良好的历史教育的人，应该能够倾听不同的声音，不要让立场指挥了自己的脑袋。

6. 综合运用各种类型的证据，如档案、日记、报纸、图片、地图、图表、数据、音乐、建筑等，建构自己对某个问题的论述。

对于历史研究而言，一手材料最为重要，尤其是档案材料更为史学家所看重。在历史学习中，一手材料固然重要，但二手材料亦有其不可替代的价值。因为学生在日常生活中，更多的是接触二手信息，他们应该学会对二手信息进行辨析和做出初步的判断，在有可能和有必要的情况下，再去核实一手信息，一探究竟。因此，历史教育中的史料应该是多种多样且富有生活气息的，档案、日记、报纸、图片、地图、图表、数据、音乐、建筑等学生喜闻乐见的史料均应进入历史学习的视野。这些史料在形式、内容、角度等方面相辅相成、相因相生、相生相克，构成了错综复杂的关系。学生在综合处理这些证据的过程中，不仅运用了史法，还锤炼了史识，更学会了如何思考。

三、历史理解的能力

理解与解释是历史哲学的核心词汇，不同的流派对其关系的认识存在较大的差异。有人认为理解是人文学科的方法，解释是自然学科的方法；有人认为理解和解释是历史方法的两个阶段，理解是基础，解释是目的；有人则认为理解与解释纠缠在一起，无法进行人为分割。综上所述，在历史学科中，理解和解释在本质上是一回事。所谓历史解释，一是指对历史的解释，二是指具有历史学科特征的解释。第一种含义是指历史学家的工作，而非方法；第二种含义是指具有历史学科特色的工作方法，而理解就是"同其他学科的比较中最应该被识别出来的历史学科的特性"①。也就是说，历史学家是通过理解的方式对历史进行解释，能够被理解的行为，"既是合意向性的，又是合因

---

① ［德］斯特凡·约尔丹主编：《历史学科基本概念辞典》，孟钟捷译，278 页，北京，北京大学出版社，2012。

果律的"①。亦即，从历史哲学的角度来讲，用理解或解释均无不可。从历史教育的角度来讲，理解具有解释所无法涵盖或直接揭示的含义，用理解更符合历史教育的本义。历史学属于人文学科，对人的理解是人文学科的基本使命。更何况，历史教育并非历史学的低幼版，它有着不同于历史学的目的。历史教育以促进学生人格完善为目的。虽然"历史即异邦"，但换个角度来说，"他者即自我"，对于他者和异邦的理解，有助于深化学生对自我的理解。在世界各国的历史课程标准中，屡屡出现的"同情心""同理心""跨文化交流的能力"，无不是由历史理解派生出来的。因此，在历史教育中，理解不仅是作为历史学习的方法出现，而且是作为历史学习的意义而出现的。

基于理解的历史思维能力有以下几种具体表现。

1. 从历史文本的语境、结构、词句、修辞等方面，理解作者的本意，以及作者无意展现而由文本不自觉所表现出的含义。

理解有三个维度，首先是对文本的语文理解，其次是对人物的心理理解，最后是对事件的历史理解。之所以要理解历史文本，是因为客观的历史早已逝去，后人只能通过保存至今的文本(史料和史家著述)来理解历史。对于非专业人士(如学生)而言，理解历史的最主要文本不是史料，而是史家著述。无论是史料还是史家著述，首先都要从语文的角度(如文本的语境、结构、词句、修辞)来读懂文本的意思，这是理解历史的基础。文本的意思有两重：作者本意和文本本意。文本创作是作者用以表达自己意图的举动，阅读文本当然要理解作者本意。但是，文本创作一旦完成，它就成为脱离作者的自足的存在，本身就有意义。因此，理解文本要着眼于作者本意和文本本意两个方面。

2. 将自己放在历史人物所处的位置，从历史人物的个性、经历、所处的局势及他所能接触的信息去推断他如此行事之意图。

借助历史的文本，我们最终是要理解历史上的人和事。历史是由人

---

① ［德］马克斯·韦伯：《社会学的基本概念》，胡景北译，12页，上海，上海人民出版社，2000。

的各种行为交织而成的，而人是自由的，在自由意志的支配下，人在各种客观条件面前主动进行趋利避害的选择。在同样的条件下，不同个性的人却会有不同的甚至是截然相反的选择。故此，对历史的理解，不能不从人的意图、目的、意志、欲望、期望、动机、态度、价值观等方面入手，否则历史殊难理解。此外，历史人物的行为不仅取决于他的立场与动机，而且受制于他所能接触到的信息。后人因有"后见之明"，洞察历史的结局，故常对前人做苛刻之评判。殊不知，历史人物在做决策之时，所能接触到的信息常常是不完整的，这会影响其判断。因此，这种设身处地的理解还包括理解历史人物所在的位置及其视野。

3. 在整体中理解局部，同时通过对局部的理解去丰富对整体的理解。

对个人的理解，不能仅限于心理层面，也不能孤立地理解。人是社会的人，虽有其自由意志，但不可避免地被打上时代和社会的烙印。阿拉伯谚语云：人之像其时代，胜于像其父亲。个人的心理看似完全自由，其判断纯粹出于个人意志，但是，时代与社会对于个人心理的塑造是绝对不可忽视的。人并非生活在真空之中，人活着就要与生存其中的环境与时势进行互动，彼此进行调试。因此，只有将人（局部）置于时代、局势与环境（整体）之中，方能真正理解其所作所为。同样，时代、局势、环境是由各种群体和个人的互动构成的，对各种群体和个人及其行为的理解，就是在丰富对整体的理解。这种理解方式，就是著名的解释学循环。解释学循环不等于循环论证，而是螺旋式上升，用整体来理解局部，再用新的局部来理解整体，用新的整体来理解新的局部，如此往复，每一步都在加深对历史事物的理解。

4. 在理解的基础上，对历史事件的因果关系提出自己的解释。

理解与解释是无法分开的。要理解古人行事之内在动机，不能抛开古人所面临的外部形势去空想；要解释一件事的因果关系，不能只是单纯地列举社会条件，还必须要分析当事人是如何看待这些社会条件的（或这些外在条件是如何影响当事人的）。历史当事人的意图不是凭空产生的，而是在特定的社会条件下滋生的想法；社会条件之所以能发生作用，是通过人的主观意志。沃尔什就认为，在解释（或理解）古人的目的之前，我们"必须首先详细叙述一个人当时置身于其中的环境和他当时的心境，然后才能把他在一个特定场合想过什么再现出来。这里，还必须提到对他发生影响的力量（由于他生病、疲乏或被人讹诈），还要提到他性格上的一些持久性的特征（例如他天性轻率，或过分自信或易于激怒）"①。当然，在历史的一些领域（如社会史、经济史等）中，个人的意图是无关紧要的。这时，因果关系的解释就更贴近于社会科学和自然科学的解释，以寻求规律为其主旨。

确定因果关系的基本方法是，"在想象中置身于过去并考虑假设这个或那个单独列出的因素不一样了，那么事情的发展还会不会一样"②。如果没有 A，B 的发展就会不一样，那么 A 就是 B 的一个原因。历史是错综复杂的，不要刻意夸大某个因素的作用，否则就容易犯罗素所指出的那种错误："工业制度是由于近代科学而产生，近代科学是由于伽利略，伽利略是由于哥白尼，哥白尼是由于文艺复兴，文艺复兴是由于君士坦丁堡的陷落，君士坦丁堡的陷落是由于土耳其人的迁徙，土耳其人的迁徙是由于中亚西亚的干旱。因此，在探求历史因果关系时，基本的研究那是水文地理学。"③此外，需要注意的是，对历史的解释几乎都是暂时的，随着时代的变化，新的解释会取代旧的解释。即使在同一时期，不同的历史学家也有不同的解释。这是因为，"历史无法完全解释，但也是可以解释的。如果历史能够完满解释的话，那它就是可以全然预见的了。然而，历史既非完全确定，也不是完全偶然"④。如果历史是完全确定的，那么就只有一种完美的解释。但是，历史既非完全确定，又非完全偶然，所以历史是可以解释的，且存在多种解释的必要性。故

---

①　[英]W. H. 沃尔什：《历史中的"涵义"》，见张文杰编：《历史的话语》，251～252 页，桂林，广西师范大学出版社，2002。

②　[法]安托万·普罗斯特：《历史学十二讲》，王春华译，159 页，北京，北京大学出版社，2012。

③　[英]波特兰·罗素：《辩证唯物主义》，见张文杰编，《历史的话语》，157 页，桂林，广西师范大学出版社，2002。

④　[法]安托万·普罗斯特：《历史学十二讲》，王春华译，154 页，北京，北京大学出版社，2012。

此，历史教师在指导学生解释历史时，不可以自己的解释取代学生的解释，要着力培养学生自主解释问题的能力。

5. 反思自己的前理解，适当接纳其他人理解历史的视角，对自己的理解进行合理的修正。

"一切诠释学条件中的最首要的条件总是前理解，这种前理解来自与同一事情相关联的存在。"①人们总是对与要理解之物相关联的事情有所理解，才能理解要理解之物。如果人们对要理解之物相关联的事情一无所知，那么结果只能是无法理解。前理解的作用不在于把自己强加到要理解之物身上，而是构成理解者与被理解者进行对话的基础，以帮助理解的达成。"就此而言，解释者自己的视域具有决定性作用，但这种视域却又不像人们所坚持或贯彻的那种自己的观点，它乃是更像一种我们可发挥作用或进行冒险的意见或可能性，并以此帮助我们真正占有文本所说的内容。"②因此，前理解并不必然会是个有害的东西，对理解造成阻碍作用。在理解的过程中，理解者也不需要忘掉自己的前理解。但是，前理解决定了理解者理解事物的特有方式与角度，造成了有局限的理解。故此，理解者要有反省意识，清醒地意识到自我的前理解，并"对他人的和文本的见解保持开放的态度""这种开放的态度总是包含着我们要把他人和见解放入与我们自己整个见解的关系中，或者把我们的见解放入他人整个见解的关系中"③。如此这样，理解者才能更好地理解要理解之物，进而扩展自己的前理解，为下一轮新的理解奠定基础。

这种理论对历史教学的重大启示是：首先，要了解学生的前理解，学生不可能头脑空空地来到教室，故此要探察学生的前理解；其次，要正视学生前理解的积极作用，学生的前理解决定了他们理解历史的方式，是帮助学生理解历史的必要条件；最后，要帮助学生认识自己的前理解，主要途径是追问学生为何这样想，帮助学生检视自己的元认知。

---

① [德]汉斯-格奥尔格·伽达默尔：《诠释学Ⅰ：真理与方法》，洪汉鼎译，417页，北京，商务印书馆，2013。
② 同上书，546页。
③ 同上书，381页。

对于学生来讲，在理解历史时，要对理解的前提与过程进行反思与监察，同时在合作学习中倾听他人的见解，适当接纳他人的视角，进而对自己的前理解和思维方式进行矫正，扩展自己的视域，获得成长。

四、建立意义的能力

历史解释包含因果解释和意义阐释这两项任务[①]。其中，因果解释已置入"基于理解的历史思维能力"，作为其中的一个部分而存在。而意义阐释则获得了独立的地位，这是因为，获取历史之于今日学生的意义，是历史教育的归宿，是所有历史教育活动的最终指向。布鲁纳认为，"文化和文化范畴内对意义的寻求乃是人类行为的真正原因"[②]。研究和学习历史作为人类独有的一个特殊行为，当然也是源于对意义的寻求。对于学生来说，学习历史的意义能否得以解决，这是能否学好历史的关键。

历史意义有双重含义，一是指历史事件对当时人的意义，二是指历史事件对后来人的意义。对当时人来讲，历史事件结束后，其意义就可盖棺论定。对后来人来讲，历史事件结束了，其意义却在不断地发酵。这是因为，意义是主体与客体的关系，客体没有变化，主体发生变化，意义自然随之变动。"后来人"所属的时代、地域和利益群体不同，历史事件对于其意义自然就有所差别。从某种意义讲，"先行东西的意义正是由后继的东西所决定"[③]。学生属于"后人"，历史之于学生的意义，是由历史与学生这两个方面所决定的。

基于历史意义的历史思维能力有以下几种具体表现。

1. 判断一段关于历史意义的表述是对谁的意义。

历史教科书和历史著述常常会从特定人群的角度去叙述历史事件的意义，学生则往往对此习焉不察，毫无保留地接受其预设的意义。其

[①]　周建漳：《历史哲学》，161 页，北京，北京大学出版社，2015。

[②]　[美]杰罗姆·布鲁纳：《有意义的行为》，魏志敏译，15 页，长春，吉林人民出版社，2011。

[③]　[德]汉斯-格奥尔格·伽达默尔：《诠释学Ⅰ：真理与方法》，291 页，北京，商务印书馆，2013。

实，这个意义只是历史事件的部分意义，或者说只是对部分人群的意义。对另外的人群而言，历史事件别有一番意义。比如，西方人在传统上将 15—17 世纪欧洲的一些航海家和探险家探知外部世界的一系列航海活动统称为"地理大发现"（Great Geographical Discoveries），意即这些地区以前不为欧洲人所知，现在被欧洲人"发现"。但对于原住民而言，他们世世代代生活在那里，他们的祖先早就发现了这些地区。因此，所谓"地理大发现"，是出自欧洲人的视角，表达的是对欧洲人的意义。而且，对于美洲、非洲、大洋洲的原住民而言，欧洲人的探险活动带来的是灾难，显然难以配得上"great"这个词。又如，陈启沅等人创办继昌隆缫丝厂，被誉为"掀起了纺织业的第一轮工业革命，开创了当时广东、珠江三角洲甚至全中国纺织业的新篇章"①。这个意义的表述，其立足点是宏大的，是基于整个社会发展的趋势。但是，对于当时那个社会的一个局部——旧的手工业者而言，这不过是多了一个可能会妨碍其生计的可怕的竞争对手，因此为他们所嫉恨，陈启沅不得不最终因此将工厂搬迁至澳门②。这两个意义都是真实的，只知道第一个意义而不懂第二个意义，就无法理解近代民族工业发展之艰难。故此，在历史学习中，学生要学会辨别该意义是对谁的意义，做个耳聪目明者。

2. 理解历史意义因人和因时而异，讨论不同的历史意义诠释中所包含的合理性和说服力。

"意义的理解乃是一种参与事件。"③不仅历史学家会对历史意义形成不同的诠释，各色人等也会依据自己的经验与需要去诠释历史的意义。同一历史事件，对于不同的人群具有不同的意义；随着时代的变迁，历史意义对于同一主体也会发生相应的变化。比如，义和团对于不同情境中的陈独秀来说，具有截然相反的意义。1918 年，陈独秀以义和团为耻："我国民要想除去现在及将来国耻的纪念碑，必须要叫义和拳不再发生……现在世上是有两条道路：一条是向共和的科学的无神的

---

① 崔春红：《陈启沅　开启民族工业之门》，载《现代工业经济和信息化》，2013(7)。
② 张志建：《南海早期的民族工业——继昌隆缫丝厂》，载《历史教学》，1986(1)。
③ 洪汉鼎主编：《理解与解释——诠释学经典文选》，14 页，北京，东方出版社，2001。

光明道路；一条是向专制的迷信的神权的黑暗道路。我国民要是希望义和拳不再发生，讨厌像克林德碑这样可耻纪念物不再竖立，到底走哪条道路而行才好呢？"①1924年，陈独秀则以义和团为荣："义和团，在中国现代史上是一重要事件，其重要不减于辛亥革命"，"还幸亏有野蛮的义和团少数人，保全了中国民族史上一部荣誉。"②义和团之于陈独秀的意义之所以会变，不是因为义和团在变，而是因为陈独秀在变：1918年，陈独秀在领导新文化运动，以民主和科学为其主要诉求；1924年，陈独秀参加国民大革命，以反帝反封建为其主要诉求。因此，对于学生来说，死记硬背别人（哪怕是名人、权威）总结的意义是没有意义的，他们要学会理解各种历史意义阐释的证据及理据，提高自己对历史意义的辨识能力。

3. 在辨析各种历史意义诠释的基础上，形成自己的主见，有理有据地诠释历史事件对当下及自己的意义。

历史这面镜子折射的是揽镜者的形象。亦即，学习历史是为了"认识你自己"。历史意义不能局限在对过去和他人的意义，最终还是要回落到对当下和自我的意义。在讨论历史事件对当时和他人的意义的过程中，学生要能够进而诠释历史事件对于当下以及自己的意义。在英国，历史教师被建议要在备课时花时间认真思考：为什么学生要学习城堡（人们不建城堡已经有几百年了）、农奴（现在已经没有农奴了）、中世纪的乡村生活、17世纪的道路和运河、哈格里夫斯的珍妮纺纱机、农业革命等诸如此类的内容③。教师要深入思考这些已然逝去的、看起来与今日学生似乎毫无关联的内容对于今日的学生来说究竟有何意义。"如果成年人都不清楚他们为什么要拿过去的种种'琐事'去'折磨'他们的学生，那学生怎么可能热情高涨地去专心学习历史呢？"④当然，这些叙述都是基于教的视角。如果从教的角度转换到学的角度，这就意味着历史教育的目的在于培养自主诠释历史事件对当下及自己的意义的能力。

---

① 王观泉选编：《〈独秀文存〉选》，105～106页，贵阳，贵州教育出版社，2005。

② 胡明编选：《陈独秀选集》，203、204页，天津，天津人民出版社，1990。

③ ［英］特里·海顿等：《历史教学法》，袁从秀、曹清华等译，24页，重庆，重庆大学出版社，2015。

④ 同上书，24页。

4. 对于困扰今人的某些重大争议性问题，能追溯其历史根源，并结合现实因素和未来需要进行思考，阐明自己的见解。

当今社会存在许多"历史悬案"（或称"历史遗留问题"），不时挑动当事国家或各种人群的神经，给今人的生活造成重大困扰，这就是"过去仍未去"的明证。同时，它也意味着，历史事件虽已结束，历史意义却悬而未定。2017年国际博物馆日的主题是"博物馆与有争议的历史：博物馆讲述难以言说的历史"，对于有争议的历史，不能视而不见，不能躲避遁藏，要心平气和地接受，这"是走向和解、畅想共同未来的第一步"①。在接受的基础上，学生要能综合考虑历史根源、现实因素和未来需要，进行理性的思考，形成自己的见解，以利于历史悬案的和平解决。历史既能为今人造福，又可成为撕裂社会或加剧国际争端的导火索，历史教育的努力目标，是尽可能地推动前者的发生和防止后者的出现。

5. 参与各种类型的公众历史和记忆文化的建设，做出力所能及的贡献。

历史不能仅是专家在象牙塔里把玩的精深学问，也不能成为个人的某种集邮般的癖好，历史知识要为普通人所分享、消费，即走向公众史学，历史的意义才可能最大化。公众史学有三大口号："书写公众、公众参与、公众消费"②。学生无疑是公众的成员，学校历史教育当然也就是公众史学的重要组成部分。学生可撰写家史（此即"书写公众"），可参与各种类型的集体记忆（如博物馆、纪念场所、传统节日、历史景观等）的建设与保护（此即"公众参与"），可以查找历史资料来编写历史剧本（此即"公众消费"）。"人必须参与到文化中去，并通过文化才能意识到自己的精神力量。"③学生在参与各种类型的公众历史和记忆文化的建设的过程中，"由于对文化的参与，意义变得公开了，可以共享了"④。

---

① 贺云翱：《博物馆"讲述难以言说的历史"与考古学有关》，载《大众考古》，2017(4)。
② 钱茂伟：《公众史学：与公众相关联的史学体系》，载《人民日报》，2016-02-22。
③ ［美］杰罗姆·布鲁纳：《有意义的行为》，魏志敏译，9页，长春，吉林人民出版社，2011。
④ 同上。

第四章　历史思维能力的培养方略

传统历史教育关注的是历史事实，现代历史教育关注的是历史认识。韩国学者认为，"历史教育在本质上是历史认识论的教育"①。历史认识的目的是意义，历史认识的起点是问题，历史认识的依据是史料，历史认识的方法是理解。故此，发展学生的历史思维能力，应以意义、理解、问题与史料为核心，寻求相应的培养方略。

第一节　追求有意义的历史教育

历史是有意义的，否则历史课程便不会在基础教育中拥有一席之地。但是，并非人人都懂历史的意义，尤其是接受历史教育的学生，能自觉地发现其意义者不是太多。意义是多维度的，鸿儒硕学所理解的意义固然重要，但似乎并不能为学生所轻易接受。如人所共知的"以史为鉴"，论者往往忽略这样一个事实：这是历史之于社会精英的意义（或许是最为重要的意义）。对芸芸众生而言，他们很难有机会被推到需要"以史为鉴"的位置或情境中，更没有"以史为鉴"做出恰当决策去改变他人命运的权力。为此，绝大部分学生对"以史为鉴"这类宏大叙事很难产生发自内心的认同。当"以史为鉴"此类说法不能为学生提供意义，而又缺乏其他可供替代的意义，历史自然被视为是枯燥的、乏味的，历史学习也就很难发生。故此，讨论历史的意义，不能不将焦点聚集在历史之于学生的意义上。当历史对学生有了意义，不仅学生的精神得以安顿，而且历史意义的其他维度（如对国家和民族的意义）也有了容身之所。

---

① ［韩］宋相宪：《历史教育的本质》，载《中学历史教学参考》，2017(12)。

一、意义匮乏是历史教育的顽疾

(一)英国历史教育危机与新历史科运动

学生不爱上历史课，这大概是一个世界性的难题。20世纪五六十年代，英国的历史教育发生了巨大的危机。历史教学以灌输和接受为主要模式，学生成为有待填充的容器，历史知识被教师当作真理强行塞给学生。对于这种历史教育，学生极为厌烦——它既不能提供给他们好的工作，也不能给他们带来好的生活。面对历史教育的垂死挣扎的现状，有的专家大胆预言，在20世纪最后25年里，"社会科学学科将在综合中取代历史科的角色。对新一代的多数人而言，历史，如同上帝一样，已经死了。"①面对困境，英国历史教师最初想到的是改变方法，采用参观古迹、角色扮演等新的教学方式；在发现效果甚微之后，英国专家又建议增加现代史和乡土史的内容，以拉近学生和历史的距离；直至最后，英国历史教育界发起了一场声势浩大的"新历史科(New History)运动"，触及历史教育的根本问题——意义。所谓"新历史科"，是一种新的历史教育哲学，该运动主张："学校的历史学习，不是把焦点集中在历史本身发生了什么，而是要集中在我们如何具有对历史的认识。"②该主张的精髓在于：将认识主体(学生)和客体(历史)联结在一起，从而赋予冰冷生硬的历史事实以生动活泼的意义，从根本上解决学生为什么学及如何学历史的问题。时至今日，英国历史科成功度过了危机，历史课并没有被社会科取代，历史教育的地位也未降低。更为重要的是，学生认为历史课是有用的、有趣的比例持续提升，见下表③。

---

① 张天明：《从"大传统"走向"新历史科"——20世纪英国历史教育百年嬗变述略》，载《河北师范大学学报(教育科学版)》，2014(3)。

② [英]汤普森：《理解过去：程序和内容》，叶小兵译，载《清华历史教学》，1996(7)。

③ [英]特里·海顿等：《历史教学法》，袁从秀、曹清华等译，7页，重庆，重庆大学出版社，2015。

表 4-1 学生对历史课有用性观点调查

问卷及其年份	有用	不十分有用
学校委员会调查(1967)	29%	71%
哈格里夫斯报告(1984)	53%	47%
2005 年英国教学大纲与学历管理委员会调查	69.3%	30.7%

表 4-2 学生对历史课趣味性观点调查

问卷及其年份	有趣	不十分有趣
学校委员会调查(1967)	41%	59%
哈格里夫斯报告(1984)	61%	39%
2005 年英国教学大纲与学历管理委员会调查	69.8%	30.2%

英国的以上调查表明,认为历史课"有用"与认为历史课"有趣"是高度正相关的,反之亦然。英国的经验表明,要让学生喜欢上历史课,先要解决意义问题,让学生觉得历史课"有用"。

(二)我国历史教育中的兴趣和意义问题

在我国,耸人听闻的历史科危机并不存在,但是,学生学习兴趣低下却是一个始终困扰历史教育的问题。20 世纪末,国家教育委员会对北京 2107 名学生的调查结果显示,"在学生对最不愿学的课的排序中,历史课居前 3 位;在学生对 15 门课程喜欢程度由低到高的排序中,历史课居前 2 位;在被学生视为枯燥、没意思的课的排序中,历史课居前 5 位"[①]。20 多年的时间已经过去了,这种情形有所改观,但并未从根本上得以扭转,尤其是在农村地区,改变极为有限的,甚或没有改变。2012 年,一份对福建省屏南县 9 所农村中学 880 名学生的调查结果显示,对历史课"非常感兴趣"的占 7.63%,"挺有兴趣"的占 29.31%,剩

---

① 张静:《历史学习心理与教学策略的初步研究》,载《课程·教材·教法》,1999(11)。

下的近七成的学生认为"一般般""没兴趣"。① 虽然这只是个抽样调查，样本数量有限，但绝非个别现象。

上述调查还有一个很有意思的数据：对历史"很感兴趣"的占53.18％，"感兴趣"的占 34.31％，"一般般""不感兴趣"的人很少。这就是说，学生对历史感兴趣但对历史课不感兴趣。由此可以推导：历史对学生是有意义的，历史课却没有帮助学生扩展（相反是消减了）历史的意义。对此，历史课程标准选择的课程内容、历史教科书的叙述方式可能要承担责任，但历史教师的教育理念及其教学行为无疑难逃干系。在上述调查中，有历史教师表示，"现在的农村学生素质普遍差，要想学生考好成绩，只能逼学生背"。在该教师看来，学习历史没有目的论的意义，只有工具论的意义——在考试中考出好成绩。因此，学习历史的相应方式就是"贝多芬"（背诵即可得高分）。假定"现在的农村学生素质普遍差"是一个事实，作为教师，最应该关心的理应是历史学习对于这样的学生有何内在的意义，如何帮助他们去实现这些意义。只有把内在意义的问题解决好，才有可能让学生爱上历史课。外在意义（如考试）不是不重要，但作为内在意义的副产品，它会在内在意义实现的同时顺带实现。

而最让人感到担忧的是，在那些对历史课感兴趣的学生中，大部分也不是因为察觉到历史的内在意义。其理由前 3 位分别是"学好历史有助于中考"（70.62％）、"学好历史会得到老师、家长表扬"（63.98％）、"历史老师上课生动有趣"（46.15％），后 3 位分别是"学习历史对现实生活有用"（10.46％）、"初中历史教科书内容丰富有趣"（16％）、"本身对历史学习感兴趣"（19.38％）。这就意味着，学生对历史课感兴趣，主要是出于外在意义——通过考试、得到表扬，只有极少数的学生对历史自身感兴趣。但是，教育存在的必要性是由其内在的意义规定的。"固然有些活动或科目仅具有工具性价值，有时学生学习某知识的目的也不是

---

① 游美云：《农村初中生历史课程学习兴趣的调查研究——对福建省屏南县初中生的调查》，硕士学位论文，福建师范大学，2013。下述有关该调查的引文均出自该文，不再加注。

因为那些知识的内在价值，但教育之所以为教育，则在于教育关心的不只是教育内容的实用价值。"①

二、理解意义是历史教育的基本诉求

(一)学校教育旨在帮助学生理解世界的意义

人类既生活在物质世界中，又生活在意义世界中。这种意义，不仅蕴含在文学、艺术、宗教、思想等直接生产或阐明意义的领域，还渗透在看似与意义关系不大的物质世界中。"我们感受到的，并非只是纯粹的环境；我们感受到的，始终都是对人类具有意义的环境。"②千里之外的高山，我们之所以不惧险阻奋勇攀登，为的是在精神上超越自我；近在咫尺的山丘，我们未曾涉足，是因为它过于寻常，登顶亦毫无意义可言。周遭的万事万物，因为对我们有意义，我们才会去关注、欣赏乃至攫取。从这种意义上讲，意义将我们和世界联结在一起。

世界之于人类的意义，不是世界强加给人类的，而是人类主动发现的。动物不会追问世界的意义，其行为受本能的驱使，就足以生存下去。作为动物的一种，人类行为当然也会有受本能驱使的一面；但让人类区别于一般动物的，则是其对意义的执着，"努力发现生命的意义正是人最大的动力"③。当我们感觉世界有意义时，我们会感到充实、幸福。当我们无法理解世界的意义时，我们就会陷入空虚，感到无聊、苦闷、抑郁乃至精神失常——本能并不足以帮助我们在世界上安身立命，唯有意义才能如此。

人类发现世界的意义，然后又被各种意义支配。当人类已接受某种既定的意义，其行为就会受到该意义的指导、引领、督促、奖励、阻止

---

① ［英］戴维·卡尔：《教育的意义》，徐悟译，9页，北京，中国人民大学出版社，2015。

② ［奥］阿尔弗雷德·阿德勒：《生命的意义》，欧阳瑾译，1页，北京，台海出版社，2018。

③ ［奥］维克多·E.弗兰克尔：《活出生命的意义》，吕娜译，117页，北京，华夏出版社，2018。

或惩罚。如果不将既定意义拿出来时时进行检视、审查、反思，人类甚或有成为既定意义的奴隶的危险。历史上的各种极端民族主义、宗教极端主义、狂热军国主义已经充分说明了这一点。故此，对待意义的正确态度是：让意义服务我们的人生，而不是相反。为此，我们要"生产、拓展、重置、消解、重释、修改或确认意义"①。

学校教育作为社会生活的"预演"，理应承担起培养学生发现意义、理解意义和反思意义的能力的责任。对此，很多学者有过重要论述。杜威指出："学习，它的正确含义不是学习事物，而是学习事物的意义"②。弗兰克尔认为，"教育必须使人具备发现意义的方法"③。布鲁纳则主张建立"以意义为中心，以文化为导向"④的心理学。学校教育的根本任务是立德树人，这其实也是关于教育意义的中国式表达。按照知识社会学的理论，知识(尤其是社会知识)是人类的行为经由制度化和正当化之后形成的一种客观现实，这是一个客体化的过程。经由初级社会化(发生在家庭)和次级社会化(发生在学校、公司等)，客观现实经由个体的内化与同化，被"翻译成主观现实"⑤，在个体那里产生了主观意义，变成了个体的主观现实，这是一个主体化的过程。所谓立德树人，就是经过学校教育，客观现实变成了主观现实，学生的道德被确立起来，健全的人格被树立起来。如果没有这个意义化的过程，学生知识再渊博，也不过是古人所说的"四脚书橱"而已。

(二)历史教育重在透过历史事实求得历史意义

历史作为人文学科，本身就关乎精神、价值、经验、体验、理解等

---

① ［美］艾蒂纳·温格：《实践共同体》，李茂荣等译，49 页，南昌，江西人民出版社，2018。

② ［美］约翰·杜威：《我们如何思考》，伍中友译，198 页，北京，新华出版社，2015。

③ ［奥］维克多·弗兰克：《追求意义的意志》，司群英、郭本禹译，73 页，北京，中国人民大学出版社，2015。

④ ［美］杰罗姆·布鲁纳：《有意义的行为》，魏志敏译，11 页，长春，吉林人民出版社，2011。

⑤ ［美］彼得·L. 伯格、托马斯·卢克曼：《现实的社会建构》，吴肃然译，166 页，北京，北京大学出版社，2019。

意义层面的事物，正如伽达默尔所指出的那样，"历史理解的真正对象不是事件，而是事件的意义"①。

在我国，历史教育"求真求实"的说法一度非常流行，现在仍然拥有不少支持者。这种忽略意义的观点是片面的，值得商榷。所谓真实，有过去的真实、史学的真实和史料的真实三个层面。求得"过去的真实"是一个几乎不可能完成的任务。史学家所能做到的，是通过鉴别"史料的真实"，以求得"史学的真实"。而在中学历史课堂，由于资料与时间的限制，"史料的真实"勉强可以部分达到，但没有人能保证他求得到"史学的真实"和"过去的真实"。

更为关键的是，事实固然重要，但意义更为重要。"历史学家对其文本的态度，类似于审讯官盘问证人的态度。但是，单纯地确立那些从证人一己之见而得到的事实，实际上并不使他成为历史学家；使他成为历史学家的东西是，理解他在所确立的东西中的意义。"②历史研究尚且如此，历史教育更是如此。受教育目的、时间、资料等因素的限制，中学师生不可能也没有必要以建构历史真实为己任——这是历史学家的职责。历史教育的任务是，传授历史学家所确立的历史常识，帮助学生理解这些历史事实之于今天与今人的意义。

意义是后人在历史事实的基础上建构起来的，历史事实并不能自动生成意义。大家都知道"塞翁失马，焉知非福"这个寓言。"塞翁失马"这个行为发生后，便成为"故事"——过去的事情、历史的事实。可是，"塞翁失马"这个事实本身是没有意义的，其意义取决于后来的情境。当丢失的马带回骏马时，失马成为好事；当其子骑骏马摔残时，这又变成坏事；当官府征兵而其子因残幸免时，摔残又变成好事。由此可见，在历史教学中，即使师生求到了真相——知道"塞翁失马"，那又能如何？冷冰冰的真相并不会自动告诉学生意义如何，如何去做。学生要在探明真相的基础上，认真理解史实的意义：失马对于主人意味着什么？是什

---

① ［德］汉斯-格奥尔格·伽达默尔：《诠释学 I：真理与方法》，洪汉鼎译，465页，北京，商务印书馆，2013。

② 同上书，479 页。

么在决定失马的意义？该采取什么态度去面对失马的处境？史实的意义不仅取决于自身，更取决于其后所发生的事——"先行东西的意义正是由后继的东西所决定"①。

在英、美等国发生的因种族歧视而引起的抗议运动，就生动地阐释了这一点。托马斯·杰斐逊是美国开国元勋之一，《独立宣言》的起草人，弗吉尼亚大学创始人，第三任美国总统，对美国的发展做出了杰出贡献。在历次最伟大的美国总统评选中，杰斐逊都名列前茅。2018 年 2 月 19 日，由 170 名顶尖学者组成的美国政治学会发布了《2018 年历任美国总统评比结果》，杰斐逊仍然高居第 5 位。仅仅两年后，2020 年 6 月 14 日，一群抗议者来到波特兰市杰斐逊高中，将杰斐逊的雕像推倒在地。他们这样做，是因为杰斐逊是个奴隶主。杰斐逊既是《独立宣言》的起草人、弗吉尼亚大学创始人和美国第三任总统，也是拥有几百名黑奴的奴隶主，这些都是无可更改的事实。在种族和谐相处的时代，杰斐逊是"伟大的总统"；在种族矛盾凸显的时代，杰斐逊却成了"罪恶的奴隶主"。历史意义就是这样，不仅变动不居，还因人而异。当不同意义发生冲突时，这个时候就需要"意义协商"，以便达成一致，或者和谐共生。如果学校的历史教育只告诉学生以事实，而不传授学生以意义，或者只向学生灌输某种既定的意义，而不启迪学生思考意义是如何生成的、如何对待多样且多变的意义。那么，当学生长大成人之后，他们就会变成和这群愤怒的抗议者一样的人。历史既会凝聚一个民族，也会撕裂一个社会；历史既会使人聪明，也会使人愚蠢。这一切，都取决于人们看待历史事实的角度与方法。

（三）历史教师的专业性体现在对历史意义的开发

历史自成为课程的那一天开始，它就是有意义的。这是因为，在任何国家、任何时代，学生所学习的史实，都是经过精心选择的。史实浩如烟海，大至王朝更迭，小至市井风情，无不网罗其中。如果靡不遗

---

① ［德］汉斯-格奥尔格·伽达默尔：《诠释学 I：真理与方法》，洪汉鼎译，291页，北京，商务印书馆，2013。

漏，全单照收，再厚的教科书，也难以载其一二。故此，挂一漏万，实在是对编制历史课程的真实写照。既然如此，最终能够"挂"上去的史实肯定是有意义的。该意义既包含国家与民族的维度，又包含学生个体的维度。历史教育自然应承担社会功能，担负起对国家和民族的责任。另外，历史教育的现代性则体现在对学生人格的意义——通过历史学习，学生得到"全面发展、个性发展和持续发展"，"确立积极进取的人生态度，塑造健全的人格"①。

这两种意义虽然都能在课程目标中予以阐明，但具体到教科书中的某个史实时，却出现了较大分野。比如，抗日战争对于南京、重庆、上海、昆明、台北和大连的学生来说，由于其祖辈可能是受害者、抵抗者、旁观者或胁从者，其意义是有所差异的。这种意义是多样的，难以穷尽，故而无法写入教科书。这个时候，历史教师的专业性便得以凸显。他要动用自己的全部智慧与精力，帮助学生去理解史实之于自我的意义。当学生对意义的认知匮乏时，他要帮助学生发现意义；当学生对意义的认知混沌时，他要帮助学生澄清意义；当学生对意义的认知单调时，他要帮助学生丰富意义；当学生对意义的认知僵化时，他要帮助学生发展意义；当学生对意义的认知偏颇时，他要帮助学生健全意义。作为课程的开发者，历史教师不是要抛开教科书，另行开发大量的史实或史料，而是要深入理解教科书中的基本史实的隐性意义。开发教育意义，而不是开发教学材料，这才是历史教师专业功力的深度体现。对于学生而言，如果他能在教师的帮助下，理解炎黄传说、大禹治水、宗法制、澶渊之盟、五四运动之于自己的意义，他当然也就具备了理解身边事物的意义的能力。故此，在历史教育中，史实和意义不可分割，它们应该紧密联系构成一体，当学生在学习史实时，他同时也应在领悟意义。

---

①　中华人民共和国教育部：《普通高中历史课程标准（2017 年版 2020 年修订）》，6～7 页，北京，人民教育出版社，2020。

三、历史意义的理解取决于学生的"前理解"

(一)学生独特的"前理解"导致历史意义认知的差异

"意义就是一种对重要关联的认知"①。按照这种理解，历史意义就是认识者对史实与自己重要关联的认识。阿尔弗雷德·舒茨把历史称作是"前人世界"，"前人世界在原则上和本质上乃是不变的、完成的和成为过去的"②。因此，在这个意义生成的公式中，史实是不变量，认识者是自变量，意义是因变量。对这个学生重要的史实，对那个学生可能就不重要。由此，历史意义不仅与历史有关，而且与认识者有关。没有固定不变的历史意义，有的是因人而异的历史意义。

学生之所以在理解意义上存在差异，是因为在理解行为发生之前，他们拥有不同的"前理解"。"一切诠释学条件中的最首要的条件总是前理解，这种'前理解'来自与同一事情相关联的存在。"③在理解某史实时，与理解该史实相关联的理解者的文化、社会、历史等生存境况就构成了他的"前理解"。每个人的"前理解"都是独特的，故此他对历史意义的理解也是独特的。正如鲁迅所指出的，不同的人从《红楼梦》中看到了迥异的意义："经学家看见《易》，道学家看见淫，才子看见缠绵，革命家看见排满，流言家看见宫闱秘事。"④《红楼梦》只有一部，虽有不同版本，但大致内容是一致的；但是，《红楼梦》的意义却层出不穷，甚至大相径庭，这是缘于经学家、道学家、才子、革命家、流言家存在不同的前理解。在历史学习中，并不存在俯览一切的上帝视角；学生

---

① [英]迈克尔·斯坦福：《历史研究导论》，刘世安译，252 页，北京，世界图书出版公司，2012。
② [奥]阿尔弗雷德·舒茨：《社会世界的意义构成》，游淙祺译，291 页，北京，商务印书馆，2012。
③ [德]汉斯-格奥尔格·伽达默尔：《诠释学Ⅰ：真理与方法》，洪汉鼎译，417 页，北京，商务印书馆，2013。
④ 鲁迅：《鲁迅全集第八卷·集外集拾遗补编》，147 页，北京，人民文学出版社，1981。

是凡人，他们只能以自己独特的前理解为出发点，形成"有偏见"的理解。E. H. 卡尔认为："历史是历史学家与历史事实之间连续不断的、互为作用的过程，就是现在与过去之间永无休止的对话。"①套用这个句式，"历史教学是学生与历史事实之间连续不断的、互为作用的过程，就是现在与过去之间永无休止的对话"。学生的"前理解"不同，他与历史事实所开展的对话也就不一样，意义自然有所不同。故此，在历史教育中，历史教师要正视学生存在不同的意义理解这一事实；更进一步，要了解学生的"前理解"，才能合理地评价其现有理解。否则，一旦开放教学，面对学生诸多意义理解，或者惊慌失措，或者应对失策。

(二)历史教学要引入和丰富学生的"前理解"

学生的"前理解"并不是需要被克服的东西，更无法将其抛弃或者屏蔽。恰好相反，正如"夏虫不可语冰"一样，没有"前理解"，就没有理解。"意义的理解乃是一种参与事件"②。在理解行为发生时，学生的"前理解"会参与到历史文本之中，与历史文本形成互动，达成视域融合，进而完成对历史意义的理解。如果没有前理解的参与，历史文本仍是历史文本，不会自动地迸发出意义。故此，在历史教育中，历史教师要想方设法让学生的"前理解"有效参与到历史学习中来。填鸭式教学之所以无趣且无用，就是因为它与学生的"前理解"无关。知识纵使被强行灌输进来，或者踏雪无痕很快被忘掉，或者因成为呆滞的思想而无法被运用。

需要注意的是，学生的"前理解"并非是固定不变的。当学生的"前理解"参与到一个理解活动中，并顺利地完成理解，学生的"前理解"就为一个新的更高的理解所取代。在下一个理解活动开始时，这个新的更高的理解便构成了新的"前理解"，并参与到理解活动中。这

---

① [英]E. H. 卡尔：《历史是什么?》，陈恒译，115 页，北京，商务印书馆，2007。

② 洪汉鼎主编：《理解与解释——诠释学经典文选》，14 页，北京，东方出版社，2001。

就是著名的"解释学循环"。这也就意味着，在历史教育中，"前理解"不仅是教学的起点，同时也是教学的归宿。历史教学的目的并不在于迫使所有人都接受一个公认的意义，也不在于让每个学生都获得一个与众不同的答案，而在于拓展和充实每一个学生的"前理解"。有了丰富的"前理解"，学生就足以应对历史学习和现实生活中的各种理解活动。

（三）"前理解"所造就的独特意义可走向共同价值

强调学生所理解历史意义的独特性，这并不是要走向相对主义，主张人与人之间的隔膜，否定共同价值。同一个时代的人，由于生活在相同的文化背景下，不可避免地会在诸多方面存在较大的相似性。也就是说，在人们的"前理解"中，除独特部分外，也有相似之处。故此，正如奥苏贝尔所言："心理意义往往具有独特性，这种独特性并不排除社会或普遍认同的可能性。既定文化背景下的不同成员对相同概念和命题会有不同的理解，但一般来讲都具有充分的相似性，这使得人与人之间的交流和理解成为可能。"①这表现在历史学上，是每个时代的人都会对历史做出富有时代特色的解读。比如，对于王朝的崩溃，古人爱用昏君、奸臣、女祸的模式来解释，改革开放之前学者常用阶级斗争的模式来解释，现在的学者则增添了气候变迁等视角。学生对历史意义的理解，自然也会体现出他们所处时代的特色。比如，现在的学生对虎门销烟常有"污染环境"之讥，虽然这个理解是错误的，但恰好反映出这个时代的学生环保意识普遍较强。此外，人性是相通的，否则我们难以构成这个被称作为"人"的群体。不同时代的人，对历史的解读也有其一致性。这是因为，意义是由境遇决定的，而人类会面临一些基本的、普遍的、任何时代的人都无法回避的境遇，如辨别真伪、善恶、美丑。对于桀、纣，任何时代的人都会唾弃他们；而对于希特勒的行径，任何时代的人也都会视其为罪恶。对于这种普遍的意义，弗兰克尔称之为价值："可以把

---

① ［美］戴维·保罗·奥苏贝尔：《意义学习新论——获得与保持知识的认知观》，毛伟译，85页，杭州，浙江教育出版社，2018。

价值定位为那些普遍意义，它在社会乃至人类不得不面对的特有境遇中得以具体化"①。需要进一步说明的是，独特意义可以转化为共同价值。在奴隶制时代，奴役是大家公认的共同价值，自由则是个别人的独特意义。但随着认同自由的人越来越多，自由就变成了共同价值。历史教育之所以要重视学生对历史意义的独特理解，一是尊重和满足学生的主体性需要，二是为了适应现代社会发展的需要。与传统社会不同，现代社会发展加速，传统越来越难以指导人们当下的行为；而人们价值变化的速度也远超从前，今天是少数人赞同的独特意义，明天极有可能成为多数人接受的共同价值。故此，对学生独特意义的尊重，不仅是在帮助学生成为他自己，而且是在为未来社会谋福祉，赋予它更多的可能性。

第二节　以理解为中心的历史学习

一、从盲人摸象开始谈起

盲人摸象的故事出自《大般涅槃经》，其内容广为人知，在此不表。这里要说的是，该故事具有丰富的意蕴，值得我们反复琢磨。

其一，史学家与过去的关系，与盲人和大象的关系有点类似。每个史学家所接触的都只是过去的一部分，他们或者研究某个朝代，或者研究某个事件，或者研究某个人物，总而言之，都有专属的研究领域。相对于单个史学家所研究的对象而言，人类的过去不啻庞然大物。当然，史学家远非盲人所能比拟，他们更有专业知识和自知之明，他们会对自己认识历史的过程进行反省，因此便有了历史哲学。

其二，正如大象的尾巴不等于大象，具体的真实也不等于整体的真实。经过严密的考证，史学家能确认出某些历史事实。但由于其研究对象所限，这往往只能是具体的真实。比如，史学家早就指出，出版于

---

① ［奥］维克多·弗兰克尔：《追求意义的意志》，司群英、郭本禹译，47 页，北京，中国人民大学出版社，2015。

1911 年的《戊戌奏稿》，因为康有为的故意改篡，与原稿有较大出入①。这是一个具体的真实，康有为作为一个完整的历史人物，则是一个整体的真实；戊戌变法作为一个完整的历史事件，也是一个整体的真实。知晓康有为改篡《戊戌奏稿》这个具体的事实，不等于自动就能获得对"康有为"或"戊戌变法"的整体认知。

其三，部分真实的简单相加，也不等于整体真实。知道一个动物的肢体和躯干分别像萝卜根、石头、杵、臼、床、瓮和绳，不等于你能断定这个动物就是大象。就像搭积木一样，同样的积木能搭成巍峨的城堡，也能搭出乏味的造型。历史建构同样如此。即使选择了同样的、全部的历史事实，史学家对于历史事实的组织可能大相径庭。由此可见，历史事实是基本构件，但不是全部，对历史大厦的结构起作用的，还有史识与理论。

其四，就像故事中的盲人一样，"睹一云余非，坐一象相怨"是人性的弱点。在大千世界中，人们所能获知的无疑非常有限，但人们往往从有限的认知出发，自认真理在握，党同伐异，纷争不已，造成各种争端。个人如此，一种文化、一种制度、一个族群、一个国家也概莫能外。从积极的方面说，如果人们能遵守一定的规则，这种纷争会变成对话与交流，增进对彼此的理解，丰富人类的知识。从消极的方面说，如果纷争无序失控，将会导致对抗乃至战争。

其五，这个故事启发我们：历史教学中要尊重彼此的立场与角度，开展建设性的对话。在过去面前，在真理面前，每个人（不论是史学家、中学历史教师还是学生）或多或少是个"盲人"，没有人能够垄断真理。多读一些书，对谁来讲都是好事。但从书籍中，是以掌握历史事实之多寡为能事，还是以增长见识、学会思考为目的，二者还是有较大区别的。尤其是对于历史教学而言，更应倾向于后者。因此，在教学中，历史教师应该摒弃权威式的灌输（其前提是真理在握），转向与学生进行平等式的对话，分享视野，交换思想（其前提是人无完人），共同构建历史

---

① 早在 1982 年，孔吉祥就在《历史研究》发表论文《〈戊戌奏稿〉的改篡及其原因》，指出了这一点。近年来，茅海建、黄健彰等人深化了这种认识。

这头"大象"。

盲人摸象这个寓言，还可以进一步启迪我们思考历史、历史学与历史教育之间的关系。

人类有一个实在的过去，我们姑且称之为 A。A 的存在是不以人的意志为转移的，不管人们是否认识到它，它都在那里。

但是，人类的过去已然随着时间的流逝而远去，不可再现。幸运的是，它或多或少留下了一些痕迹，我们称之为 B。正因为有 B 的存在，我们才能得知人类的过去。这里有两个重要启示：第一，过去是死的，但历史是活的，它存在于当下，否则我们无法知晓过去。第二，B 只是 A 的一部分，也就是说，历史只是"过去"中我们已知的那个部分。

B 相对于 A 来说是零七八碎的，但对于单个历史学家而言，则浩如烟海。单个历史学家所能掌握的只是 B 的一部分，我们姑且命名为 C。人的生命和精力都是有限的，没有哪个历史学家能掌握 B 的全部。这是历史学家的局限，其处境与"摸象盲人"确有相似之处。

对于他所掌握的 C，历史学家不能不假思索拿来就用，而是要进行严谨的考辨，确认出各种历史事实。这是历史学家毕竟不同于"摸象盲人"之处。对于这些历史事实，我们命名为 D。

对于 D，历史学家不能杂乱无章地堆砌了事，他要进行精心的选择，筛选出核心的历史事实，把它们推到中心位置，将另外一些历史事实推到边缘位置，还有一些历史事实弃而不用。总而言之，他要用这些历史事实组织出一个有始有终、有因有果、可以理解的故事。对此，我们姑且命名为 E。

对于 E，历史学家终究要通过语言将其表达出来。而语言有其自身的规律，语言的所指与能指，不能简单地画个等号。我们暂且把历史学家的历史作品称之为 F。实际上，所谓的历史，都是由历史学家的历史作品构建出来的，否则常人无从知晓。

当然，历史教师所阅读的历史，正是 F 所表现出来的历史，而不是 E、D、C、B，更不是 A。而 A 和 F 之间的差距之大，是显而易见的。更何况，历史教师阅读 F 后，并不能原原本本地获取 F 中的信息，而是基于自身的立场、阅历与学识进行"创造性"的理解，并结合自己的历史教育理念将其转化为适合学生的教学行为，这就进一步拉大了与 F 的距离。

同理，对于历史教师所讲述的历史，学生也有自己的"创造性"理解，它并不完全等同于历史教师所讲述的历史，甚或南辕北辙。

我们所要注目的，应该是最后两点，即历史教师理解的历史和学生理解的历史。但这里之所以不厌其烦地从 A 述及 F，大谈历史学家理解的历史，是因为从认识论来讲，中学师生与历史学家在理解历史这件事情上并无本质的不同；而由于中学历史教学的非学术性追求与学生未（亦无须）接受专门训练的实际情况，学生理解历史的行为甚或更为错综复杂。

从 A 到学生理解的历史，中间经历了若干层级，每个层级都经历了信息的减损或者语义的转换，由此可见"求真"是何等的艰难。尤其是当历史教师采取灌输式教学时，可能离真实相距更远。

当然，我们无须做悲观主义者。如图 4-1 所示，学生也有自己的过去，作为历史教师，我们可以让学生尝试了解自己的过去（如组织"认识两岁之前的我"的学习活动），并反思自己如何获知自己的过去，进而获得对历史和历史认识的直接理解。我们还可以让学生搜集史料，确认事实，选择、组织和

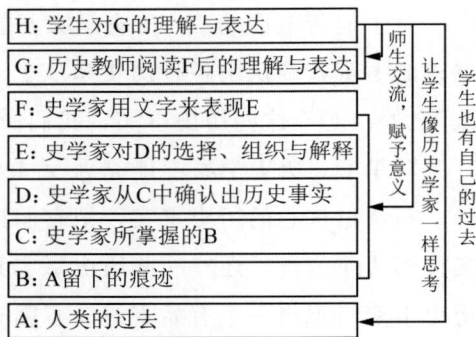

图 4-1　学生也有自己的过去

解释相关事实，并写成历史小论文或编演历史剧，让学生像历史学家一样思考。我们还可以在课堂教学中，与学生多多交流各自对历史的理解，毕竟历史事实自身没有意义，对历史事实的理解才有意义，而教育应该是一个意义赋予的过程。总而言之，当我们意识到掌握历史事实并非历史教育的终极目的时，我们会将目光转投到对历史事实之理解，进而发现历史教育的新天地。

二、理解什么及如何理解

理解是人文学科的特色方法。哲学家狄尔泰倡导精神科学①，认为精神科学的研究方法是理解。他的名言是："我们说明自然，我们理解心灵生命。"自然现象的发生，没有意图，说明其原因即可。但是，凡是人的活动，必然存在人的意图。比如长城的修建，为何要在彼时彼地修筑，为何要修成这种高度和形状，虽然有客观条件的限制，但必须要从人的内部心理去理解。历史哲学家德罗伊森认为："科学方法可以按其研究的对象及我人思考的特性，分为三类：（哲学、神学）玄思方法、物理的方法及历史的方法。……此三者的本质为：认识、说明以及理解。"②也就是说，历史的方法就是理解。马克·布洛赫也是一语中的："千言万语，归根结底，'理解'才是历史研究的指路明灯。"③

理解为何可能？几千年之前和几千千米之外的人类活动，由于史料的缺失和文化的隔膜，作为"后"人和"旁"者，真的能够理解吗？狄尔泰说，人之所以能够理解历史，"是因为他本人就是一种历史性的存在"④。或者说，历史是人创造的，人当然就能够理解。德罗伊森以为："理解之所以可能，因为历史材料里面所表现出来的前人言行，与我们今日的言行性质上是根本类似的。"⑤当然，作为历史研究方法的理解，自有一套专门的说法与技艺。

1. 理解什么

马克思和恩格斯说："'历史'并不是把人当作达到自己目的的工具

---

① 狄尔泰认为，精神科学的范围包括历史学、经济学、法学、心理学、宗教研究、文学、诗学、建筑学、音乐学及哲学。显而易见，精神科学的范畴要比人文科学的范畴大。

② ［德］德罗伊森：《历史知识理论》，胡昌智译，12页，北京，北京大学出版社，2006。

③ ［法］马克·布洛赫：《历史学家的技艺》，张和声、程郁译，105页，上海，上海社会科学院出版社，1992。

④ ［德］威廉·狄尔泰：《历史中的意义》，艾彦译，78页，南京，译林出版社，2011。

⑤ ［德］德罗伊森：《历史知识理论》，胡昌智译，10页，北京，北京大学出版社，2006。

来利用的某种特殊的人格。历史不过是追求着自己目的的人的活动而已。"①换言之，我们理解历史，理解的是"追求目的的人的活动"。人的活动具有双重属性。其一，目的性。任何一个行为都有当事人的特定目的，对此我们要予以理解。其二，社会性。任何人都生活在一定的社会条件下，有着特定的身份、职业、信念、经历和交际圈子，面临特定的问题，我们要理解当时的社会条件对他思考和行事的规范与约束。不考虑目的性，就会掉入历史决定论的陷阱，历史教学也就枯燥无趣。只考虑目的性，历史人物的行为好像变得极为随意，因此也就不可理解。

以例说明。李鸿章说过以下两句话：

中国文武制度，事事远出西人之上，独火器万不能及。

——李鸿章《致总理衙门函》

深以中国军器远逊外洋为耻，日戒谕将士虚心忍辱。

——李鸿章《朋僚函稿》

两句话的基本意思是一致的，均以为西方军事优于中国。但在第一段话中，李鸿章的形象是狂妄自大的；在第二句话中，李鸿章的形象是忍辱负重的。是李鸿章人格分裂，还是我们根本没有理解他？

第一句话是李鸿章写给总理衙门的函件。作为洋务派的代表，他的目的自然是希望朝廷能够采纳自己变法的主张。但是，在当时的社会条件下，夷夏之辨是占主导地位的社会价值观，人们普遍认为，只可"以夏变夷"，不可"以夷变夏"。李鸿章作为官场中人，自然懂得个中道理。因此，李鸿章先打出"政治正确"的大旗，然后再提醒人们注意我国军事的落后，不失为一种可行的策略。至于第二句话，那是出自李鸿章写给曾国藩的信件，在老师面前，李鸿章自然就可以省却这些弯弯绕绕。

因此，历史教育应该服务于学生对人的行为的理解。正如赵亚夫师所言，如果没有人，不能从人的行为（有目的的社会行动）方面着眼教学的话，很难做到教学的有效性。事实应该服务于学生对人的行为目的和行动能力的理解，这样我们才会讲究学习的过程和深究学习的方法，理解学生能够理解的历史，并能够有效解释他们能够理解的历史，这就是

---

① 《马克思恩格斯全集》第3卷，118～119页，北京，人民出版社，1957。

好的历史教学了。

2. 如何理解

历史如何才能被更好地理解？这个问题，也可以换个角度思考，即"历史为何难以被理解"。

柯林武德认为，久远年代的文献之所以深奥难懂，是因为作者"总是为同时代的人写作"，这些人"在探问与作者同样的问题"，所以作者很少解释他努力要回答的问题。等作者与他同时代人的作古后，他所论述的问题就"被逐渐淡忘了"。① 遗留下来的只是作者对这个问题的答案，而不明问题的答案自然是难以理解的。反过来讲，我们要理解历史，自然就要弄清楚当初作者所魂牵梦萦的问题，这样才能更好地理解其答案。

这是一个天才的发现。推而广之，任何历史文献在创作之时，都有一些对作者和同时代的读者来说"不言自明"的东西，这可能是问题，也可能是常识。但随着时间的流逝，这些"不言自明"的东西恰恰是后世读者百思不得其解之处。因此，对于后世的读者而言，关键就在于善问，能够从历史文献中发现问题，对作者提问，并逼迫作者做出回答。

由此可见，理解历史的第一要义是理解文本，善于提出问题，拷问史料。此外，由于历史是一门关于时间的学问，所谓历史理解，当然要"在时间中思考"。

对古人，我们要"善意理解"。中华民国南京临时政府 1912 年 1 月的《告各友邦书》声称："凡革命以前所有满清政府与各国缔结之条约，民国均认为有效……满清政府所借之外债及所承认之赔款，民国政府亦承认偿还之责……凡革命前满清政府所让与各国国家，或各国个人种种之权利，民国政府亦照旧尊重之。"一些教师在授课中认为这是资产阶级革命派反帝不彻底、具有软弱性的体现。其实，这种观点已经非常陈旧了。在对此事做出评价之前，不妨站在南京临时政府的角度想一想。1912 年 1 月，清帝尚未退位，袁世凯虎视眈眈，而南京临时政府囊中羞涩，革命派内部明争暗斗，武昌尚处在大炮的直接威胁之下。在这种

---

① ［英］柯林武德：《柯林武德自传》，陈静译，40 页，北京，北京大学出版社，2005。

情境中，不难想象南京临时政府宣布一概废除不平等条约的结果。初中历史教科书引用了孙中山《临时大总统宣言书》中的一段话——"满清时代辱国之举措与排外之心理，务一洗而去之；与我友邦益增睦谊，持和平主义，将使中国见重于国际社会，且将使世界渐趋于大同"①，从字里行间不难看出对南京临时政府外交政策的"同情理解"。此外，对于南京临时政府的内政，初中历史教科书认为南京临时政府进行了许多意义重大的改革，"虽然没能全部贯彻执行，但对社会观念的转变和平等自由思想的普及具有重要意义"②。

以上谈的是历史理解。与之对应的，则是对历史的"不理解"。作者在网上随机搜到了一个课件——《大河流域的文明古国》。在讲到《汉谟拉比法典》时，教师呈现了以下材料（这是本课件中关于法典的仅有材料）：

自由民损毁其他自由民的眼睛，则应损毁其眼；自由民击落其他自由民牙齿，则应击落其齿。

奴隶可以买卖，可用来抵债。

如果奴隶胆敢对主人说"你不是我的主人"，耳朵就要被割掉。

如果理发师不经奴隶主本人许可，就把奴隶头上的奴隶标记剃掉，理发师的手就要被砍掉。

盗窃或藏匿他人奴隶者处死。

思考：从法典内容来看，此法典是维护哪个阶级利益的？

从这个设计不难推知，该教师对《汉谟拉比法典》基本持否定的态度。但是，古巴比伦作为世所公认的四大文明古国之一，必有其过人的文明之处。而古巴比伦的文明，正是集中体现在《汉谟拉比法典》之中。《汉谟拉比法典》包括诉讼程序、盗窃处理、军人份地、租佃、雇佣、商业高利贷、婚姻、继承、伤害、债务和奴隶等丰富内容，早在几千年之前，就让古巴比伦人成功实现了"有法可依"。这就是其最大的

---

① 教育部组织编写：《义务教育教科书　中国历史（八年级上册）》，47 页，北京，人民教育出版社，2017。

② 同上书，49 页。

"文明"。正如初中历史教科书所指出的那样："《汉谟拉比法典》是古巴比伦王国留给人类的宝贵文化遗产，表明人类社会的法制传统源远流长。"①反观上述教学设计，由于没有将这些文明成就置于当时的时代中去考虑，从而将"文明"古国演绎成了"野蛮"古国，这就是令人遗憾的"不理解"。

三、历史教育应以理解为中心

对于历史，理解既是一种研究方法，也是一种态度倾向。

作为研究方法的理解，要基于文本（史料），善于对史料提出各种问题，与作者进行对话交流，发现作者不愿说或疏忽掉的问题；要在时间中思考，将自己放在历史人物所处的位置，在心灵中重演过去；要将单个历史事物置于整体脉络之中，理解其意义等。

作为态度倾向的理解，要求人们对过去报以"同情之理解"，平等地、谦逊地、善意地与古人进行对话，努力理解他们所关心的、所痛苦的、所期望的，而不是事不关己，站在局外指手画脚，肆意地批评或无度地褒扬。过去的已经过去，今人的褒贬对古人已经不起作用，月旦评其实是为了今人的利益，而今人并非铁板一块，实则划分为各个利益不同的群体。缺乏理解而陷入利益之争的褒贬，只会加剧现实的纷扰。既然如此，何不静心屏气，理解在先，理解为重，在理解的基础上，再论其是非得失，方能得其真精神真意义，明其真丑恶真教训。故此，对于历史教育而言，作为态度倾向的理解甚至比作为研究方法的理解更为重要。

在哲学家看来，理解其实是人的一种生存方式。在现实生活中，一个信号灯的颜色，一件衣服的样式，一张课桌的摆放，一张脸的表情，我们都能理解其意义。如果不能理解，我们就无法在社会中生存。为了更好地生存，我们还要理解更多人的创造物，如各种语言符号。当然，我们更要理解人自身，理解促进我们换位思考，沟通交流。"理解过程

---

① 教育部组织编写：《义务教育教科书　世界历史（九年级上册）》，8 页，北京，人民教育出版社，2018。

是从各种实际生活有关的旨趣之中产生出来的——在这里，人们都依赖于他们相互之间进行的沟通。他们必须使对方能够理解自己。他们必须知道其他人需要的是什么。"①只有这样，个体才能更好地生存于社会之中。

社会已经足够丰富，但历史更为斑驳陆离。如果说社会是横贯的维度，那么历史就是纵深的维度。通过历史这个纵深通道，我们得以返回过去，理解历史上的形形色色的人和各种各样的事，扩充我们的经验与见识，进而丰富对当下的人与事的理解。正如王加丰先生所言："对过去的事物采取理解态度不仅是为了继承传统的需要，而且也是对现在的事物采取理解态度的延伸，因为对过去的事物采取理解态度会有助于我们从历史上吸取经验，并促使我们对现在的事物也采取理解态度。"②

不仅如此，理解过去才能创造未来。只有真正懂得过去的问题与局限，才能找到好办法去解决它、发展它。"如果我们想要消灭资本主义或战争，而且在这样做时，不仅要摧毁它们，并且还要创造出更美好的东西来；那么我们就要从理解它们开始……这种对于我们准备要取而代之的体系的理解，那是我们必须在取而代之的工作之中始终要保留着的一种东西，作为制约着我们创造未来的一种有关过去的知识。"但在现实中，"我们对所要摧毁东西的憎恨也许会妨碍我们去理解它，而且我们又可能是那么热爱它，以至于我们不可能毁掉它"③。所以，对于历史，我们不要过于急迫地下结论，而是要进行充分理解，"理解包括体验人类千变万化的差异"④，只有这样，才能真正实现进步。

总之，历史教育要从人出发，以理解为中心，理解历史上的人，进

---

① [德]威廉·狄尔泰：《历史中的意义》，艾彦译，67页，南京，译林出版社，2011。

② 王加丰：《理解：二十世纪西方历史学的追求》，载《历史研究》，2001(3)。

③ [英]柯林武德：《历史的观念》，何兆武、张文杰译，157页，北京，商务印书馆，1997。

④ [法]马克·布洛赫：《历史学家的技艺》，张和声、程郁译，105页，上海，上海社会科学院出版社，1992。

而理解社会中的人；理解他者，进而理解自我，这样才能顺利完成公民教育和人格教育的任务。

第三节　以问题促思维的历史学习

"思维是在事物还不确定或者可疑、或者有问题时发生的。"①完全确定的事情，不需要思维，记住它就可以；只有面对问题，才需要思维，以便去弄明白它。故此，思维的刺激物是问题，思维的目的是要寻求结论，思维的过程就是探究。这同样适用于历史思维，没有问题就没有历史思维。历史思维是在解决历史问题的过程中得以养成的，历史问题的质量和解决问题的过程直接关乎历史思维的品质。

一、问题之于历史思维的意义

(一)没有问题就没有历史学

柯林武德说："历史学是一种研究或探讨。"②在某种意义上，这种探究与自然科学非常相似。科学家在做研究时，"必须采取主动，为自己决定他想要知道什么"，他还"必须找到迫使自然做出答案的手段，设计出各种刑罚，使它不能再保持缄默"。③ 历史学家同样如此，要让问题指引自己的研究，而不是依靠"剪刀加糨糊"，通过堆砌材料来完成自己的著述。柯林武德认为，问题是历史学中的主导因素，论证中的每一步都有赖于提出一个问题，而这些问题都是历史学家向自己提出来的④，历史就是通过对这些问题的解答而一步步构建的。

没有问题，历史文献就晦涩而不可解。柯林武德认为，"不可能仅

---

① ［美］约翰·杜威：《民主主义与教育》，王承绪译，162 页，北京，人民教育出版社，2001。

② ［英］柯林武德：《历史的观念》，何兆武、张文杰译，36 页，北京，商务印书馆，1997。

③ 同上书，372 页。

④ 同上书，378 页。

仅依据一个人说的或写的陈述句子来探知他的意思"，关键在于你"必须知道他的问题是什么"，这倒不是因为他的语言不合语法或有意欺骗，而是因为"他所说的或所写的东西正是对这一问题的回答"。① 历史文献就是作者对自己问题的解答，时至今日，作者已逝，问题被带入坟墓，答案却留了下来，因此历史文献就显得殊难可解。历史学家要做的，就是从答案开始倒溯，重建问题，方能理解历史文献的真义。

没有问题，历史学就没有存在的价值。让外行人不可解的一个现象是，每一代人都要重新解读历史，这就给他们造成历史是不可靠的错误印象。恰好相反，这正是历史的意义所在。每一代人之所以要重新解读历史，是因为他们面临着不同于前人的难题，这就逼迫他们向历史提出不同的问题，进而寻求自己想要的答案。比如同一个孔子，在汉朝被尊为"素王"，在宋代被封为"至圣文宣王"，在新文化运动时期则被视为"历代帝王专制之护符"。之所以如此，不是因为孔子(已成历史)在变，而是后人面临的问题在变，故此他们向历史所要索取的东西在变。正是在这种意义上，"历史是历史学家与历史事实之间连续不断的、互为作用的过程，就是现在与过去之间永无休止的对话"②。

(二)问题是激活历史知识的法门

"通往合理结论的道路往往是从问题开始，并且一路都有问题相伴。"③历史学习的任务并不是要记住历史学家研究后的结论——结论总是暂时的。历史学习是要学会像历史学家一样思考。虽然在历史学习中，学生思考的问题基本上都被历史学家思考过，学生思考后的结果一般也并不会超越历史学家的认识，但是，我们应该承认，学习是学生的学习，对于学生来说，"一切能考虑到从前没有被认识到的事物的思维，

---

① ［英］柯林武德：《柯林武德自传》，陈静译，34 页，北京，北京大学出版社，2005。

② ［英］E. H. 卡尔：《历史是什么?》，陈恒译，115 页，北京，商务印书馆，2007。

③ ［美］尼尔·布朗、斯图尔特·基利：《学会提问》，吴礼敬译，2 页，北京，机械工业出版社，2013。

都是有创造性的"①。只要他思考的是他从来没有思考过的东西，那么这就是创新。相反，没有经过学生的自主思考，而是从教师的灌输中得到的知识，只是"呆滞的思想"②，堆积于大脑中却无法使用。做个"无用的书橱"倒也罢，更可怕的是像杜威说的那样："脱离深思熟虑的行动的知识是死的知识，是毁坏心智的沉重负担。因为它冒充知识，从而产生骄傲自满的流毒，它是智力进一步发展的巨大障碍"③。

在现实的历史教育中，学生经由历史学习获得"呆滞的思想"和"死的知识"是非常普遍的现象。据调查，学生对于历史的几个有代表性的看法是："(1)历史就是时间、地点、人名和事实的代名词；(2)学习历史要死记硬背，所以历史课是一门令人生厌的课程；(3)历史课上学习的东西往往不切实际，距离现实生活太远，而且不能有自己的看法；(4)历史就是教科书上写的东西，既不是故事，也不是史实；(5)我们的历史观点经常是被强迫接受的。"而教师也认为："学生在学习历史课之前，几乎一无所知；历史观必须依靠灌输或塑造，才能保证它的正确性。"④历史本应是一门关于思考的学科，充盈着调查、取证、质疑、推理、分析、综合、比较、概括、论证等多种活动，但在现实教育中却往往被异化为听讲。由此可见，历史教育亟待正本清源，从提出问题开始，在解决问题中思考，在思考中获得新知。

二、高质量历史问题的基本特征

(一)历史问题的开放性

问题是获得新知的一种方式，不是教师炫耀学识的手段。故此，真

---

① [美]约翰·杜威：《民主主义与教育》，王承绪译，174 页，北京，人民教育出版社，2001。

② [英]怀特海：《教育的目的》，庄莲平、王立中译注，2 页，上海，文汇出版社，2012。

③ [美]约翰·杜威：《民主主义与教育》，王承绪译，167 页，北京，人民教育出版社，2001。

④ 该调查是 1997 年进行的，但 20 年过去了，局面并未得到根本的改观。详见赵亚夫：《追寻历史教育的本义——兼论历史课程标准的功能》，载《课程·教材·教法》，2004(3)。

正的问题应具有开放性，是可以探究的，并经由探究而获得新的见解。虚假的问题则是封闭的，它有固定而正确的答案，教师所要做的，不过是千方百计地将学生往这个答案上引导。因此，在问题解决中，教师并非扮演一个全知全能的角色，相反，教师要以空杯的心态，保持思想的开放性，与学生一同参与到问题的解决中。伽达默尔曾经指出，自以为是的人"根本不能提出正确的问题"，为了能够提出问题，我们必须要放低身段，"知道我们并不知道"。① "提问就是进行开放。被提问的东西的开放性在于回答的不固定性。……如果问题缺乏这种开放性，那么问题从根本上说就是没有真实问题意义的虚假问题。"②

历史问题看似难以做到开放，因为作为后人，已经知道历史发展的结果。既然已知结果，就容易限制自己的视野，满门心思去寻找与之有关的原因，从而排除在当时的条件下事情还有往其他方向发展的可能，进而将实际发生的事情当作必然的结果。如果每件事情都是必然发生的，历史就是被决定的，这种开放性的问题也就成为不可能。但是，在历史中，存在一个现实的世界，还存在一个可能的世界。"历史事实只是所有可能之中已经实现了的那种可能"；而"可能"也不是不能实现，不能实现的乃是"不可能"。③ 对"可能"的探讨并不等于凌空蹈虚，而是有意义的，是为了更好地理解"现实"，因为"不把现实世界放在一个更广阔的可能背景里，就不能很好地理解现实世界"④。这也就意味着，历史学家的最终职责是解释"为什么实现了的恰好是这种可能而不是那种可能"⑤，而不是"为什么这件事是必然会发生的"。故此，在历史教学中，历史教师要以开放的心态，谨慎地对待历史发展的所有可能性，这样才能提出开放性的问题。

---

① ［德］汉斯-格奥尔格·伽达默尔：《诠释学Ⅰ：真理与方法》，洪汉鼎译，512～513 页，北京，商务印书馆，2013。

② 同上书，513 页。

③ 何兆武：《可能与现实：对历史学的若干反思》，3～4 页，北京，北京大学出版社，2017。

④ 同上书，4 页。

⑤ 同上书，5 页。

但是，"问题的开放性并不是无边际的"，没有边际的问题其实是空的问题，自然也就没有答案。问题总是被提出的，提问者总是在一定的问题视域中，因而问题也就"包含了由问题视域所划定的某种界限"①。故此，"提问既预设了开放性，同时也预设了某种限制"。这种限制并非是消极的、必须被克服的东西，而是应该予以善待的，正是"由于这些前提，可疑问的东西，即还是开放的东西才表现出来"②。提问者之所以能提出问题，是因为他对问题已有所知，否则他就无法提出问题。正如柯林武德所言："每一次历史学家问一个问题，他之所以问它是因为他认为他能回答它，也就是说，他在自己的心灵中对于他可能使用的证据已经有一个初步的和尝试性的观念了。"③这就意味着，历史教师要提出开放性的问题，并不是要将自己打扮成一个没有"先入之见"的人——没有先入之见就没有问题，而是不要把自己变成一个"先入为主"的人。

理查德·保罗（Richard Paul）和琳达·埃尔德（Linda Elder）将问题分为三种类型：第一类问题只有唯一正确的答案；第二类问题只需提供一个主观的意见；第三类问题的答案是开放性的，没有对错之分，只有更好或更差之别。④ 具体到历史教学中，第一类问题主要是史实类的问题，如"秦始皇是哪一年统一中国的？"第二类问题主要是价值评判的问题，如"你是喜欢孔子还是秦始皇？"第三类才是能够启发学生历史思维的问题，如"秦朝为什么会二世而亡？"在历史教学中，应该尽可能地减少第一类和第二类的问题，多提第三类问题。这类问题是开放的，学生们互相倾听、讨论、辩驳、补充，"在不丧失自身价值取向的前提下从多个角度解析知识和价值观"⑤。

---

① ［德］汉斯-格奥尔格·伽达默尔：《诠释学Ⅰ：真理与方法》，洪汉鼎译，513页，北京，商务印书馆，2013。

② 同上书，514页。

③ ［英］柯林武德：《历史的观念》，何兆武、张文杰译，387页，北京，商务印书馆，1997。

④ ［美］理查德·保罗、琳达·埃尔德：批判性思维概念与方法手册，董焱宁译，15页，北京，外语教学与研究出版社，2016。

⑤ ［美］杰罗姆·布鲁纳：《有意义的行为》，魏志敏译，22页，长春，吉林人民出版社，2011。

(二)历史问题的真实性

学校的教育往往是去情境化的。知识是在具体情境下产生的，但是自产生之后，尤其是在被写入教科书之后，知识就脱离了其诞生的情境，就如鱼脱离了水一样。在学校中，学生"必须学习那些抽象的书面语言，这些书面语言已经与其产生的那种具体环境相分离"[①]。概括的知识经由抽象的语言，在一些学生的眼中，就变成殊难可解的东西。其解决之道，自然就应该是返璞归真，将概括的知识化于具体的情境，在解决真实问题的过程中学习知识。

有学者曾将学校教育中提出的问题和真实生活中的问题做了比较，发现二者有很大的不同。他认为，真实生活中的问题具有结构不良、错综复杂、难以解决等特点[②]。但是，学校教育中提出的问题几乎都是与真实生活中的问题相反的：问题是由教师明确提出的，解决问题的方法和所需的材料是教师提供的，问题的背景经由抽象而被消解了，往往有唯一的正确的答案，解决问题只需要个体的抽象知识而不需要群体协商，问题解决的结果对学生来讲关系不大，等等。正因为二者之间存在如此大的反差，所以在学校中解答试题表现良好的孩子进了社会，在面对真实的问题时可能会感到难以适应。

历史与社会具有同一性。纵看是历史，横看是社会。历史对于历史人物来说，就是他们的社会。历史人物所面临的问题，就是斯腾伯格所说的"真实生活中的问题"。历史人物在特定的情境（或困境）中，或者在历史转折的关头，只能是自己去确定问题，自主寻找解决问题的路径与方法；他会尽可能多地收集与解决问题相关的资料与信息，以便做出正确的决策；他要考虑当事各方的态度，因为能否解决不仅取决于他的智识，还取决于当事各方的反应；他会足够慎重，反复权衡利弊，因为他要承担问题解决的结果（这甚至会决定其生死存亡）。

---

① ［美］杰罗姆·布鲁纳：《教学论》，姚梅林、郭安译，134 页，北京，中国轻工业出版社，2008。

② 参见［美］罗伯特 J、斯腾伯格、史渥林：《思维教学——培养聪明的学习者》，赵海燕译，136～148 页，北京，中国轻工业出版社，2001。

在学校历史教育中，如果我们忽略了历史人物所处的情境，往往会提出"假问题"，而假问题是没有意义的。"对假问题只能做出假答案。对于一个假问题，任何答案都是等值的；它们都是对假问题的答案，所以就都是假答案。"①

某教师在讲授《孙中山的民主追求》时，采用了问题解决法，分"孙中山救国方案 1.0 版"（旧三民主义）和"孙中山救国方案 2.0 版"（新三民主义）两部分，在第一部呈现了"革命对象是谁""革命目标是什么""革命主体是谁"三个问题。为引导学生回答"革命主体是谁"这个问题，他呈现了两则材料，提出了五个问题。

材料 1　平均地权　"似乎欧美各国应该家给人足、乐享幸福，古代所万不能及的。然而试看各国的现象……富者极少，贫者极多。……将来中国要到这步田地，再去讲民生主义，已经迟了。"

——孙中山在《民报》创刊周年庆祝大会的演说（1906 年 12 月 2 日）②

材料 2　"兄弟所最信的是定地价的法。比方地主有地价值一千元，可定价为一千，或多至二千，就算那地将来因交通发达价涨至一万，地主应得二千，已属有益无损；赢利八千，当归国家。"

——孙中山《三民主义与中国前途》（1906 年）

设问 1：民生主义主要针对什么问题提出的？（欧美资本主义国家的贫富分化的弊端）

设问 2：为解决这一问题，民生主义的具体办法是什么？（核定地价，涨价归公，国民共享）

分小组讨论：

(1)地主阶级可能对此项纲领持什么态度？

(2)工农群众可能持什么态度？为什么？

(3)该项纲领能否调动起各阶层革命的积极性？

该教师将"平均地权"和"革命主体"关联在一起，并认为"平均地权"

---

①　何兆武：《可能与现实：对历史学的若干反思》，6 页，北京，北京大学出版社，2017。

②　这位教师引用的两段材料均有错误，此处已据原文更正。此外，材料 1 和材料 2 为孙中山的同一个演讲。

不能调动各阶层革命的积极性，这显然是个"假问题"。这是因为，孙中山提出"平均地权"，并不期望借此鼓动人民参加革命。

1906年，孙中山等人编定《革命方略》，其中这样阐释平均地权：

当改良社会经济组织，核定天下地价。其现有之地价，仍属原主所有；其革命后社会改良进步之增价，则归于国家，为国民所共享①。

同年，孙中山在《民报》创刊周年庆祝大会的演说中这样解释②：

社会隐患在将来，不像民族、民权两问题是燃眉之急，所以少人去理会他。虽然如此，人的眼光要看得远。……我们实行民族革命、政治革命的时候，须同时想法子改良社会经济组织，防止后来的社会革命，这真是最大的责任。

由此可见，孙中山的"平均地权"，是在革命前设想但要在革命后实施的，其目的并不在于（革命之前）鼓动农民参加革命以推翻清政府，相反，是为了防患于未然，希望通过解决社会贫富悬殊问题来"阻止后来的社会革命"。因此，通过"平均地权"来发动人民使之成为"革命主体"并不是孙中山所思考的问题，而是这位教师想象出来的问题，是个"假问题"。用一个"假问题"去对"平均地权"品头论足，显然是不太合适的。而这位教师之所以提出了一个"假问题"，是因为他没有重建历史情境去分析孙中山的问题意识：孙中山看到了什么（英美国家贫富悬殊、社会动荡）？他在思考什么问题（中国如何避免重蹈英美之覆辙）？他想如何解决问题（平均地权）？实际上，孙中山不是没有考虑过"革命主体"的问题，但他是寄望于汉族人起来革命。在"驱逐鞑虏"中，孙中山历数清政府之罪恶，号召汉族人起来革命③。《革命方略》中还详细罗列了"招降清朝兵勇条件"，希望在清军中当兵的汉族人可以踊跃反正④。因此，在孙中山的心目中，"革命主体"是汉族人，"驱逐鞑虏"（而非"平均地权"）才是解决"革命主体"的根本之道。

---

① 广东省社会科学院历史研究室等编：《孙中山全集（第一卷）》，297页，北京，中华书局，1981。

② 同上书，326页。

③ 同上书，296～297页。

④ 同上书，303页。

以上案例表明，"假问题"无论有趣与否，只能误导学生；唯有真问题，才能激起学生的有效思维，去探索真知。

三、提出历史教师才能提出的"历史"问题

在历史教学中，提问是教师的基本技能。如何提问，素来就是人们关注的热点。但是，以往的关注，常常是着眼于提问的技术性而非学科性。比如，问题要明确和具体，问题要有梯度与层次，问题要难易适中，问题要切中教学重点，等等。这种概括自然是有意义的，尤其是对于年轻教师而言，能掌握提问的基本规范，少犯一些错误。但是，这些要求适用于英语、语文、数学、物理、化学等学科，却并不能解决历史学科特有的问题，尤其是历史思维方面的问题。近年来，已有一些教师注意到要提高历史教师提问的质量，必须加强专业性，要"深入理解历史学科本质属性、正确运用史学相关理论和系统的学科知识"①。

教师的提问不仅是为了帮助学生掌握历史知识，更是为了促进学生历史思维能力的发展。如何通过提问来提升学生的历史思维能力，其实可以采用倒推的方法，即从学生提出的精彩问题中去反思学生的思维方式与特点，进而提出适合学生的问题。在教学实践中，学生经常会提出令人拍手叫好或感到棘手的问题：

秦始皇暴虐不假，但不能把他修长城、阿房宫和秦始皇陵也作为他暴虐的表现，相反，应该作为他对中华民族、中国伟大贡献的功绩！②

司马光编写《资治通鉴》时，查阅了许多小说、笔记等资料，这样编写出来的历史书是否可靠？③

如果林则徐没有被撤职，中国还会战败吗？④

要回答这三个问题，关键都不在于历史知识，而在于历史思维能

---

① 刘汝明：《中学历史课堂提问研究综述》，载《中学历史教学参考》，2016(6)。

② 周建定：《秦始皇的困惑》，载《中学政史地（七年级）》，2007(1)。

③ 薛纪国、张汉林：《关于学生历史学习问题转化为课程资源的实践研究》，载《中学历史教学参考》，2007(9)。

④ 张汉林：《鸦片战争中国失败原因的三种问法——基于三维目标视野的分析》，载《中学历史教学参考》，2008(1)。

力。第一个问题涉及历史意义，历史事件的意义是因时而异的。第二个问题涉及证据，文学资料只要运用得当，是可以作为历史研究的证据的。第三个问题涉及因果关系，其实，历史学家经常使用这种方法来确定因果关系，那就是"在想象中置身于过去并考虑假设这个或那个单独列出的因素不一样了，那么事情的发展还会不会一样"。① 从学生的这些问题中，不难发现，好问题往往会关乎历史思维的倾向与品质。故此，历史教师的提问，也应该有意识地考虑历史思维。历史教师要从历史思维能力入手，提出唯有历史教师才能提出的"历史"问题。

时序思维、证据运用、历史理解和历史意义构成了历史思维能力体系。因此，历史教师要提出关于历史思维能力的好问题，并不是单纯依靠天马行空的灵感，而是有章可循的，可围绕这四个核心概念，建构问题框架。

(一)关于时序思维的问题

这件事发生在何时？在其前后还发生了什么事？

这几件事的先后顺序是什么？它们之间是什么关系？

为什么把这件事作为开端(或结束)的标志？其理由是什么？有反对意见吗？反对意见有道理吗？

历史学家为什么要将过去划分成不同的阶段？

在这个时段内，什么发生了变化？什么几乎保持不变？

如此分期的标准是什么？按照这种标准，什么事情重要(或不重要)？什么人会支持(或反对)这种分期方法？

如果放在长时段来看，你对事物的看法会有不同吗？

现在与过去的区别在哪里？有什么样的联系？

过去与现在既然有这么大的差异，它是如何发展到现在的？

如果你返回到过去，你最不习惯的会是什么？

如果古人来到现在，他最不习惯的会是什么？

---

① ［法］安托万·普罗斯特：《历史学十二讲》，王春华译，159页，北京，北京大学出版社，2012。

你认为我们当今社会什么领域正在发生变迁？

你能预料十年以后会是什么样子吗？

(二)关于证据运用的问题

试着提出一个问题，使这则史料变为一个证据？

这是有意证据还是无意证据？为什么？

如果是有意证据，作者有意想证明什么？他不想我们知道什么？

这是直接证据还是间接证据？为什么？

间接证据可信吗？你能将这些间接证据缀连成一个证据链吗？

这个证据的来源可靠吗？

这个证据是用来回答什么问题的？

这个证据是从什么角度来回答这个问题的？

还有更多的证据吗？

有没有反证？

伪造的材料能作为证据吗？为什么？

有偏见的材料能作为证据吗？为什么？

综合这些证据，你能得出什么结论？

(三)关于历史理解的问题

这些历史人物如此做(或讲、写)的目的是什么？

他当时面临什么样的处境？他感到最为棘手的问题是什么？

他的家庭背景、早年经历、年龄、身份、职业、信仰是怎样的？这些因素如何影响他的立身行事？

他在做决策的时候，能掌握哪些信息？哪些后人知道的信息他在当时却是不知道的？

当时社会普遍流行的信仰或价值观是什么？他会受这些信仰或价值观的约束吗？

假设你在他的那个位置上，你会怎么办？

按照你的标准，你觉得他的行为或思想有奇怪的地方吗？他为什么会和你不一样？

他是一个人，还是代表了一群人？有反对他的力量吗？他如何处理这些反对他的力量？

他在做出判断的时候，什么因素是最重要的？

他的个人选择，会对这个事情的发生起多大的作用？

还有其他因素会影响这个事情的发生吗？

这件事情的发生是偶然的吗？

这件事情的发生是必然的吗？

如果没有这个因素，这件事情还会发生吗？

如果出现了这个因素，就必然会伴随这种结果吗①？

假如出现了一个反事实②，事态会如何演变？

你为什么要这样理解（或解释）？别人的解释会和你的理解（或解释）一致吗③？

不同时代的人对此事的理解（或解释）会一致吗？为什么？

你是否会抱着特定的目的去理解（或解释）历史？别人会吗？

（四）关于历史意义的问题

你为什么会关注这件事（或这个人）？

这件事有意义吗？谁会认为它有意义？谁会认为它没有意义？

教科书叙述的意义是对什么人的意义？

对于某个群体来说，20 世纪最有意义的事情是什么？对于另一个群体而言，20 世纪最有意义的事情是什么？

随着时代的变迁，过去事情的意义会发生变化吗？换言之，"盖棺"

---

① 比如，一方获得民心，就必然会在战争中取胜？

② 所谓反事实，亦即虚拟事实。比如，假如希特勒丧命于 1930 年的一次车祸，纳粹党还会上台吗？反事实思维是当今英美学界的一个研究热点。详见 Donald A. Yerxa, *Recent Themes in Historical Thinking*, the University of South Carolina Press, 2008；［英］理查德·J. 埃文斯：《历史的另一种可能》，晏奎、吴蕾译，北京，中信出版社，2016；［英］尼尔·弗格森：《虚拟历史》，颜筝译，北京，中信出版社，2012。

③ 比如，你对林肯某种行为的理解（或解释）与美国人对林肯这种行为的理解（或解释）一致吗？

可以"论定"吗？如果可以，是在哪个层面说得通？

一件事情在当时的意义和对后世的意义会不一样吗？为什么？

一件事情对后世的意义取决于什么？

古人应该为今天的错误（或落后）承担责任吗？

历史遗留问题会影响今人生活吗？怎么处理历史遗留问题？

不同的群体（国家、民族、阶层等）往往会对一段共同经历的历史存在争议，如何面对有争议的历史？

今人应该为古人的罪行（或错误）承担责任吗？如果应该，在何种范围承担多大的责任？

你的家乡有什么历史值得铭记？你认为应从哪个角度以何种方式去记住？

20世纪的历史有什么值得铭记？你认为应从哪个角度以何种方式去记住？

博物馆（或纪念馆）是如何彰显历史事物的意义的？你觉得还有什么过去的东西应该进入博物馆（或纪念馆）？

以上问题，当然会因课堂所学具体内容的差异而有所损益，但它们提供一个大致的框架与思路。依据这个框架，遵循这种思路，教师可以灵活提出问题让学生进行常规的回答，也可以通过问题来将学生的讨论引向深入。这些问题不是指向事实，而是指向思维，有助于学生的思维更加全面、谨慎、公正，更富有反思性和批判性。

这个框架，还可以供学生使用。目前，学者主要研究的是学生生成性问题，而很少有人研究学生该如何提出问题。提出问题固然有赖于深厚的学养，同时它又是一项基本技能，是可以训练出来的。当学生还没有掌握提出问题的技能的时候，教师只能"看天吃饭"，被动地等待学生提出质量参差不齐的问题；或者只提教师自己感兴趣的问题，将学生置于被动回答问题的位置上。有了这个框架，学生可以自主地提出问题，自主地查阅资料，自主地探讨问题，进而具备终身学习的能力。

第四节　基于史料的教与学

历史教学的基本特性之一就是对史料的阅读与运用。学生要学会像历史学家一样批判性地阅读史料，但学生使用史料却与历史学家使用史料有着较大的区别。历史学家运用史料讲求"竭泽而渔"，旨在建构过去，重点在于结果；而学生所能掌握的史料是有限的，难以完成建构过去的任务，其目的是通过运用史料学会思考，故其重点在于过程。学生在阅读史料的基础上，尝试进行质疑、推理、争辩、讨论、解释、论证等活动，获取证据、探明事实、理解意义，防止思维的表面化、片面化、简单化和情绪化，掌握公民必备的批判、沟通、说理等基本技能。

一、相关概念的辨析

"史料教学"这个名词出现在 20 世纪 90 年代[①]。21 世纪以后才开始逐渐传播开来，真正大行其道也不过是近十年的事。"史料教学"的提出及探索，对于打破以教科书为中心，提升教师专业素养，转变学生学习方式，提高学生学习兴趣，践行历史教育价值，都不无裨益。

但是，在"史料教学"的实践中，出现了一些不尽如人意甚至是异化的现象。诸如：史料过多过滥，一节课动辄使用二三十则材料，学生目不暇接，无思考的可能；史料不够"原始"，多为史家著述，是二手甚或三手材料，离历史现场太远，历史气息散佚殆尽；用"新瓶装旧酒"的方式去使用史料，目的不在于启迪学生的批判性思维，而是为了佐证教师认同的某个权威观点。

对于以上种种现象，一些学者提出了质疑乃至尖锐的批评。代表人物有李惠军先生和赵亚夫师。李先生认为，"没有专门的'史料教学'，只有专门的'历史教学'"。他论述了课堂教学中非理性的"史料教学"造

[①]　第一篇可考的将"史料"与"教学"连在一起的是晋松《史料解析题与高中文科复习课的史料教学》，载《历史教学》，1991(6)。这篇文章显示，高考中史料解析题的出现，推动了历史教学中史料的运用及史料教学这个概念的出现。

成的负面影响，他认为，"要么是历史课被几则史料割裂得支离破碎；要么是一段清晰的历史，在笨拙的'史料教学'中，被搞得乱象丛生、面目不清"①。

赵亚夫师则从理论层面论述了"史料教学"的本质。他认为："'史料教学'如果不针对怎样提出问题、怎样解释问题、怎样反思问题，而旨在挖掘史料、堆砌史料，让史料服务于老师的讲授，它就偏离了中学历史教学的本位，是行不通的。"要真正理解"史料教学"，必须从历史教学的本质入手，即"围绕历史理解、历史解释、历史批判的命题来解决如何拥有历史意义、历史意识（或认识）的问题"，也就是说，教学中使用史料，只有与历史理解、历史解释、历史批判、历史意义、历史意识等结合起来，才有意义。而这些并非是"史料教学"的独有问题，而是历史教学的基本问题，因此，赵先生进而提出，"理解材料或史料、使用材料或史料，并将其贯穿于教学过程，本该就是历史教学的基本特性，无须非要戴顶'史料教学'的帽子"②。

纵观两位先生的论述，都不否认真正的"史料教学"的价值，批判的都是所谓的"史料教学"的弊病。他们都认为，从根本来讲，只有历史教学，没有"史料教学"，因为历史教学肯定要使用史料，这是回归历史学科的特质。

"史料教学"作为一个短语，由"史料"和"教学"两个词组成。显然，"史料"是修饰"教学"的。那么，史料究竟是作为教学的目的（teaching for sources），还是作为教学的手段（teaching with sources）？如果是前者，历史教学是为了理解史料，或者说是为了获得关于史料的知识。如果是后者，意即通过对史料的辨析与阐释，去培养学生的历史思维能力，获得历史认识。前者走的是历史专业研究的道路，属于史料学的范畴，适合大学历史专业学生的学习。后者走的是历史教育的道路，史料

---

① 李惠军：《引入史料要游刃有余，解读史料要掘井及泉——以越邦建国与礼乐文化为例》，见何成刚、张汉林、沈为慧：《史料教学案例设计解析》，2 页，北京，北京师范大学出版社，2012。

② 赵亚夫讲授，徐赐成、刘红梅整理：《历史教学设计的流程、诊断与策略（第八讲上）》，载《中学历史教学参考》，2015(4)。

是服务于历史教育目的的一种手段而已。因此，所谓"史料教学"，应该是指"用史料去教学"。但问题在于，并非所有的历史教学活动都要借助史料，史实的铺陈和分组的讨论都非常重要。既有"史料教学"，是否还得提出"史实教学"或"讨论教学"？如果这样做，势必将历史教学这个有机体割裂开来。

基于此，赵亚夫师提出了"基于史料的教学"这个概念①。该概念既突出了史料在历史教学中的显要地位，同时也强调了历史教学的整体性。相较于"基于史料研习的教学"，"基于史料的教学"这个概念更为简洁，而且更为准确，因为"基于史料研习的教学"将历史教学局限在史料研习中，而"基于史料的教学"则显示出史料在历史教学中无处不在，史料与阅读、史料与情境、史料与讨论、史料与讲解，均有机地联系在一起。

二、选用基本史料

基本史料这个概念不属于历史研究的范畴，而属于历史教学的范畴，与其相对的概念是延伸史料。对于历史教学而言，学习一段历史时所无法绕过的材料就是基本史料，拓展学生历史认识的有关史料属于延伸史料。

(一)基本史料的特征

第一，顾名思义，基本史料是最直接、最核心、最重要的。要学习秦朝的历史，《史记·秦始皇本纪》是师生应该参阅的基本史料；要学习太平天国运动，《原道救世歌》和《天朝田亩制度》的重要性就不言而喻了；要学习北美独立战争，《独立宣言》和美国宪法的文本是无法回避的史料；要学习美国南北战争，不能不看《解放宣言》。当然，所谓最直接、最核心、最重要，是一个较为宽泛和模糊的概念，其范围因人而异、因时而异。比如说，对于某些教师和学生而言，在学习美国独立

---

① 赵亚夫讲授，徐赐成、刘红梅整理：《历史教学设计的流程、诊断与策略(第八讲上)》，载《中学历史教学参考》，2015(4)。

战争时,《联邦党人文集》和《常识》是最为基本和重要的。基本史料还受课程设置与课时安排的影响。如果课时相对宽裕,基本史料的范围不妨放宽一些。但不管怎么说,基本史料还是有一个标准,这个标准就是史料应该与课程标准所规定的知识要点和教师所确定的教学重点直接相关。

第二,基本史料应该是原始材料。原始材料是在历史事件发生的当时或不久所创制的。它虽然也是出于记载者的特定视角,承载记载者的偏见,但是不管记载者如何掩饰,总还是多多少少、有意无意地保留了那个时代的思维方式、价值观念、风俗习惯等珍贵的历史信息。有的时候,对于记载者而言,因为某些情况在当时的语境下不言而喻,所以记载者认为根本就无须交代;而在后人看来,缺少这个"无须交代"的情况,整桩事情就变得难以理解,甚至这个"无须交代"的情况恰恰就是最有价值的地方。以这个"无须交代"的情况为突破口,我们就可以发现许多历史秘密。总而言之,原始材料与后世史家著述相比,在帮助学生返回历史现场这个方面有自己的优长。后世史家的著述当然也很重要,但它的价值主要在于提供理解和解释历史的视角与方法,帮助学生开阔视野和思路,而不是将其著述作为历史的真实来看待。在中学历史教学中,受条件的限制,有时难以找到原始材料,那就要找最接近原始材料的史料。比如说,学习造纸术,当然要找蔡伦的材料。《后汉书·宦者列传》中有关蔡伦的内容虽然不属于原始材料,但与原始材料最为接近,所以就属于不能不看的基本史料。

第三,基本史料应该是易得的。中学图书馆藏书条件有限,很多材料从研究者的角度来讲,属于最基本的材料,但对于中学历史教师而言,却难有一睹芳容的机会。如张德坚《贼情汇纂》,属于原始文献,史料价值很高,凡是研究者无不备阅,但是现在市面上难以见到,中学图书馆也少有收藏。因此,对于大部分中学历史教师而言,它就难以称得上基本史料。但令人快慰的是,由于网络技术的快速普及与发展,许多以前难以由个人收藏的资料,现在很容易就能在网络上检索得到。如二十四史,中学历史教师不必耗费巨资买上一套,上网就能轻松查阅到相关的内容。此外，有学者编撰了一些史料汇编性质的书籍①，汇集了许多珍贵的原始材料。

(二)基本史料的教学意义

基本史料这个概念的提出，并非标新立异，而是期望能够拯救时弊。

前面讲过，目前的一些历史课堂教学中，堆砌史料的现象很严重，史料数量很多，质量却不高，教师也没有引导学生深入挖掘史料的问题、信息与价值。

作者随机在网上找到一个名为《美国联邦政府的建立》的课件，有 8 则重要材料，分别是《纽约时报》专栏作家弗里德曼对美国法治体系的赞赏，1787 年宪法关于国会权力规定的条款，19 世纪英国政治家威廉·格莱斯顿和"一位中国学者"对美国宪法的肯定，制宪会议上特拉华州代表马丁·路德和革命导师恩格斯对美国宪法的否定，马丁·路德·金《我有一个梦想》片段，孟德斯鸠《论法的精神》节选，还有一些综合编辑而成的材料。

这节课的重点是 1787 年宪法，以上材料大部分也是围绕宪法选择的。但是，材料的重头戏却是后人如何评价美国宪法，反映的是后人的观点，而非宪法自身。打个不太恰当的比喻，后人的观点是咀嚼过的甘蔗渣，要让学生真正体验甘蔗的味道，应该让他直接去啃咬甘蔗。可惜的是，在这个课件中，与宪法相关的材料只占极少部分，且这部分史料描述的是立法权，用来说明的是联邦制。而我们知道，美国宪法的精髓之一是三权分立与制衡。通读美国宪法，我们会发现，在宪法文本中，大量条款被用来叙述行政权、立法权和司法权如何互相制约，极为琐碎，令人难以卒读，不如《独立宣言》那样掷地有声、朗朗上口。但正是这个"难以卒读"令人寻味。为什么制宪会议代表耗费 127 天，唇枪舌

---

① 如奥立弗·A. 约翰逊、詹姆斯·L. 霍尔沃森编的《世界文明的源泉》(上、下卷)，佩里·M. 罗杰斯的《西方文明史：问题与源头》，丹尼斯·舍曼等的《世界文明史》，秦晖等主编的《大学精神档案》(五卷本)，质量都很高。

剑，耳红面赤，只为斤斤计较于权力的运行与制约，而非使用美妙的言辞去描述一个动人的政治原则？这正是理解美国民主政治的关键所在。此外，通读美国宪法，我们也不难发现，美国宪法的另一精髓是多元利益的妥协，包括大州和小州的妥协、南方与北方的妥协等，北京大学王希教授关于美国宪法的名著《原则与妥协：美国宪法的精神与实践》的书名也揭示了这一点。

按道理，从弗里德曼到威廉·格莱斯顿、"一位中国学者"、马丁·路德、恩格斯，再到马丁·路德·金和孟德斯鸠，作者旁征博引，寻找材料所花费的精力应不会少。但是，只要上网稍一检索，就能找到美国宪法的文本。放着更有价值的原始材料不用，却花费更大的精力去搜寻外围的史料，不由让人徒生舍本逐末之叹。其实，已经有教师尝试以美国宪法文本为最基本和最主要的材料，对职业学校的学生进行教学，取得了良好的教学效果①。由此可见，史料不在于多，而在于精。

因此，提出基本史料这个概念，首先针对的就是课堂教学中滥用史料的情况。期望这个概念能启发教师们在教学设计时，将主要精力集中在对最直接、最核心、最重要的原始材料的解读与探究上，这样既能减轻教师备课的负担，又能提高教学的效益，还能对那些不引用史料的教师起到正向的引导作用。后者不喜使用史料，原因可能有多种，或是因为受条件限制寻找史料不便，或者因为面对浩如烟海的史料望而生畏，或者没有意识到使用史料所带来的教学效益。基本史料是最直接、最核心、最重要的，是原始材料，是易得的，教师备课成本不是很高，但教学效益很好。如果大家把目光聚焦在基本史料上，会对这种现象的改善有所助益。

当教师们的精力从泛泛搜索材料中解脱出来之后，他们将有时间去干更有益的事情，那就是深入地多角度地解读基本史料，设计丰富多彩的学习活动，改变学生的历史学习方式，培养学生的历史思维，即通过对历史材料的识别、区分、质疑、解释等技能，获取证据、探明事实、

---

① 张轩：《人教版高中历史必修（1）第 8 课〈1787 年美国宪法〉教学实录》，载《中学历史教学参考》，2008(10)。

理解意义。

(三)基本史料的运用

基本史料在历史教学中的应用，可简单概括为两个方面：第一，理解历史，第二，探究历史。下面试举两例予以说明。

"历史方法的特色是以研究的方式进行理解的工作。"①科学家对自然进行的是解释。历史是人类有目的的行为，因此，史学家对历史进行的是理解，要理解历史上形形色色的人物。在历史教学中，许多教师和学生对林肯在《解放宣言》中只解放叛乱地区的黑奴表示不解，甚至简单断定为这是资产阶级政治家局限性的体现。在做出评价之前，我们首先要理解林肯为什么这样做。但是，我们怎样才能理解其内心呢？"整个内心只能借着它的言行来理解"②。因此，要理解林肯为什么这么做，最直接的办法就是完整地阅读《解放宣言》这一基本史料。此外，"个别的事物只能在整体中被理解，而整体也只能借着个别的事物来理解"③。如有必要，我们还要将林肯这一举动置于美国的政治体制与观念、南北战争的形势与人们的反应、林肯个人的性格与信念等背景中去思考。在《解放宣言》中，林肯宣布解放黑奴后，特意加上了这么一段话："And upon this act, sincerely believed to be an act of justice, warranted by the Constitution, upon military necessity, I invoke the considerate judgment of mankind, and the gracious favor of Almighty God."即林肯申明，这一举动是正义的，合乎宪法的，是一个军事措施，而他是作为合众国陆海军总司令的职权(as Commander-in-Chief of the Army and Navy of the United State)来采取这一军事措施的。为什么会这样？按照美国的政治体制和法律，黑奴是私人财产，不能绕过法律的手续贸然予以剥夺，而以立法的形式来废除黑奴制度是国会的权力。作为总统，林

---

① ［德］德罗伊森：《历史知识理论》，胡昌智译，10页，北京，北京大学出版社，2006。

② 同上书，11页。

③ 同上书，11页。

肯无权制定法律解放黑奴。因此，林肯就找了一个理由，他认为这是战争时期，而他是军队统帅，出于军事目的而解放叛乱地区的黑奴，相当于没收叛乱者的财产。当然，对于没有叛乱的地区，他自然就无权解放当地的黑奴。这一理解，应该是合情合理的。而之前的理解（实则是误解），是在没有看到完整的《解放宣言》之前，就用我们中国人的思维方式和政治理念去评价林肯的作为，自然离事实很远。

"历史学是一种研究或探讨"①，历史教学同样也应如此。探究的基础是史料，探究的起点是提问，要质问史料，"要在自己的心灵中带着问题阅读它们"，"要从一段话里公然提炼出某种完全不同的东西来构成对他已经决定要询问的那个问题的答案"②。《后汉书·宦者列传》记载："自古书契多编以竹简，其用缣帛者谓之为纸。缣贵而简重，并不便于人。伦乃造意，用树肤、麻头及敝布、鱼网以为纸。元兴元年奏上之，帝善其能，自是莫不从用焉，故天下咸称'蔡侯纸'。"粗粗一看，这段史料平淡无奇，因此许多教师在备课时就将其轻易放过了。可是，只要我们认真琢磨一下，就会发现这里头有不少问题。首先，一个宦官为什么要从事发明创造？其次，他改进造纸术后，为何要马上向皇帝报告？最后，皇帝为何要称赞蔡伦的造纸术？众所周知，中国古代的统治者，除对天文、医学、农学、数学等有所扶持外，对一般的科学与技术都不甚重视。那么，汉和帝为何对造纸术的改进如此重视？这些问题，对于范晔来讲，是不言自明的事情；对于我们来讲，是个迷惑不解但值得探究的问题。征诸史籍，这应该和东汉的文化教育有关。《后汉书·儒林列传》记载："顺帝感翟酺之言，乃更修黉宇，凡所结构二百四十房，千八百五十室。试明经下第补弟子，增甲乙之科员各十人，除郡国耆儒皆补郎、舍人。本初元年，梁太后诏曰：'大将军下至六百石，悉遣子就学，每岁辄于乡射月一飨会之，以此为常。'自是游学增盛，至三万余生。"3万余人在太学读书，经书的传抄是个大问题，竹简、缣帛作为书写材

---

① ［英］柯林武德：《历史的观念》，何兆武、张文杰译，36 页，北京，商务印书馆，1997。

② 同上书，373 页。

料，难以普及。蔡伦其时，太学有多少人呢？元兴元年是 105 年，元兴是汉和帝的年号。汉顺帝 126—144 年在位，在汉和帝之后。本初元年是 146 年，本初是汉质帝的年号。因此，汉和帝时期太学人数不会达到 3 万余人，但应该也不会少。汉和帝本人对文化教育十分重视。《后汉书·儒林列传》记载，"孝和亦数幸东观，览阅书林"。《东观汉记》记载：孝和皇帝"外忧庶绩，内勤经艺，自左右近臣，皆诵诗书"。按，东观是东汉皇宫藏书之府。由此可见，汉和帝对书籍是十分看重的。以此为背景，就很容易理解《后汉书·宦者列传》关于蔡伦改进造纸术的记述，改进造纸术的意义也就迎刃而解。因此，依据这段史料，可以设计成课堂上一个有意思的探究活动，即蔡伦为什么要从事造纸术的发明创造？蔡伦改进造纸术后，为何要马上向皇帝报告？皇帝为何对造纸术的改进如此重视？蔡伦改进造纸术对汉代文化教育的发展有何影响？

以上两例，《解放宣言》和《后汉书》中的蔡伦传记是每个中学历史教师都能轻易找到的材料。只要拥有搜集基本史料的意识，掌握一定的解读史料的方法，教师们就都能创造性地开展历史教学。

三、史料信息的三个层面和九个要素

在当下的历史教学与考试中，史料的地位日益显要。在解读史料时，历史教师总会谆谆告诫学生，要充分地从史料中获取有效信息。那么，如何才能充分获取史料信息呢？史料信息是由三个层面和九个要素构成的。三个层面是指显性的信息、隐性的信息和综合的信息。九个要素是指时间、地点、人物、事实、观念、意图、内容、形式和价值。时间、地点、人物属于显性的信息，常可于史料中直接获取；事实、观念、意图属于隐性的信息，一般需读者在史料内外钩沉索隐；内容、形式、价值属于综合的信息，往往是在其他要素的基础上概括而成。要充分地从史料中获取有效信息，可由这三个层面和九个要素入手。

（一）显性的信息：时间、地点、人物

所有的史料，都是关于特定时间、特点地点和特定人物的材料。没有一则史料涉及所有时间、所有地点和所有人物。如果有，那也只可能是放之四海而皆准的真理，而不是我们所谈的史料。这一点看似平淡无奇，但却事关重大。往小处说，注意到时间、地点和人物的特定性，不容易犯以偏概全的错误；往大处说，历史学科的特质就建立在这种特定性的基础上，因为历史学研究的恰好是个别的、特殊的事物。

自然科学和社会科学关注的是普遍的规律，而历史学重视的是特殊"事件"。正如李凯尔特所言，历史学的任务是研究"一次性的、特殊的和个别的东西"[①]。特定的时间和地点，界定了特定历史人物所生活的时空情境。要想理解古人的一言一行，必须将其还原到特定的时空情境中。下面试以例言之。

据统计，武昌起义爆发至 1913 年，以"民主"、"民权"、"民国"和"国民"等命名的报纸，"全国达五百余家，北京为政治中心，故独占五分之一"。

民国初年，"读报者虽限于少数人士，但报纸发表之意见，由公众的或私人议论，几于下等之苦力，亦受其宣传"。

——戈公振《中国报学史》[②]

这则材料，往往被解读为辛亥革命促使民主共和观念深入人心。其实，如果注意到这则材料的时间（民国初年）、地点（城镇）和人物（读报者，有文化），我们不难得出结论：民国初年，部分城镇的部分市民受到了民主共和观念的影响。这种获取信息的办法，就叫有一分材料说一分话。

[1914 年]前月旅行北省某地，作登山游，时予着日本衣……入一小村农家乞饮。农家老视予良久，问曰：子为清国人乎，抑为日本人乎？……予正色对曰：予中华民国人也。农家老忽作惊状，似绝不解中

---

① ［德］亨利希·李凯尔特：《李凯尔特的历史哲学》，涂纪亮译，62 页，北京，北京大学出版社，2007。

② 戈公振：《中国报学史》，185～187、202 页，北京，中国和平出版社，2014。

华民国为何物者……予拂然作色曰：然则子亦革命党，因子亦为中华民国人也。农家老茫然惶然，连声曰：我非革命党，我非中华民国人。

——唐文权、桑兵编《戴季陶集 1909—1920》①

这则材料，往往会被用来证明辛亥革命的局限性。其实，如果注意到这则材料的时间（民国初年）、地点（农村）和人物（老农），我们也不难得出结论：民国初年，部分农村的部分农民对辛亥革命和中华民国所知有限。

那么，这两则材料是不是一正一反的关系呢？恐怕不是，因为它们所涉及的地点和人物不同。将这两则材料综合起来，得出的结论应该是：民国初年，辛亥革命对不同地域和不同人群的影响是不均衡的。但我们的解释不应停留于这种表面现象，否则历史是没有意义的。历史的意义在于：怎样理解这种不均衡呢？此时，时间的重要性就凸显出来了。材料所述的现象属于思想史的范畴。按照布罗代尔的时间理论，历史时间可区分为地理时间（对应人同周围环境的关系史）、社会时间（对应经济、社会、国家、文明的历史）、个人时间（对应传统的事件史）②。地理时间几乎静止，社会时间变化缓慢，个人时间变化迅疾。思想史不同于事件史和环境史，它应该属于社会时间。也就是说，它的变化相对缓慢。要让一个民族的思想从专制保守整体转向民主共和，短短几年时间显然是不够的。故此，不宜因为民国初年部分人的愚昧无知而对辛亥革命横加指责，因为这是辛亥革命无法完成的任务。相反，我们应该承认，辛亥革命是中国社会从君主到民主这个转型之旅的成功开始。

（二）隐性的信息：事实、观念、意图

史料之所以有价值，是因为其中蕴含有可供钩沉的事实，可助后人重构历史。同样值得警醒的是，史料所述的事实，不可能是全部的事实。由于作者的立场、角度、价值观、获取信息渠道的影响，甚至是由

---

① 唐文权、桑兵编：《戴季陶集 1909—1920》，697 页，武汉，华中师范大学出版社，1990。

② ［法］费尔南·布罗代尔：《地中海与菲利普二世时代的地中海世界》，唐家龙等译，8～10 页，北京，商务印书馆，2013。

于篇幅所限，史料所呈现的往往只是事实的某个侧面。对此，我们应该保持清醒，不要犯盲人摸象的错误。此外，史料所记述的事实并非都是直白的，它往往是扭曲的，甚至是颠倒的、荒诞的，需用矫正镜方可看个明白。下面试以例言之。

> 周后稷，名弃。其母有邰氏女，曰姜原。姜原为帝喾元妃。姜原出野，见巨人迹，心忻然说，欲践之，践之而身动如孕者。

——《史记·周本纪》

这段史料看似荒诞不经，毫无事实可言。但是，它却以神话的形式扭曲地折射出周族最早的社会形态——母系氏族向父系氏族的转化。除了周族始祖弃外，商族始祖契也是以一种不可思议的方式出生的（简狄食鸟卵而孕）。两人的共同点是：其一，知道母亲的名字；其二，出生方式很神奇。按照《史记·周本纪》的记载，弃虽不知父亲的名字，但是，自弃之后，周族的父子传承关系一目了然；相反，母亲的名字倒是阙而不录。显然，弃出生时还处于母系氏族社会，只知其母，不知其父；自弃开始，周族进入父系氏族。那么，出生的神话该怎样解释呢？弃作为父系氏族的开创者，不知父亲的名字，但总要对其出生给出一个合理的解释，因此神话就应运而生，不仅说明了其出生，还赋予了神圣化的色彩。其实，不独中国如此，世界许多民族都经历过这个阶段。美国学者摩尔根考察了希腊上古时期的氏族，发现"他们保留了氏族始祖的母亲的名字，并认为始祖是由他的母亲同某位神祇交合诞生的"[①]。

史料不同于自然物，它们都是人工制品，不可避免地掺杂着制作者的观念。尤其是文献材料和图像材料，或多或少、或直或曲、或显或隐地存在着作者的观念。即使材料所述纯粹为事实，但在字里行间，事实的取舍与组织方式仍在顽强地表达着作者的观念。下面试以例言之。

> 及[后稷]为成人，遂好耕农，相地之宜，宜谷者稼穑焉，民皆法则之。……后稷卒，子不窋立。不窋末年，夏后氏政衰，去稷不务，不窋以失其官而奔戎狄之间。不窋卒，子鞠立。鞠卒，子公刘立。公刘虽在

---

① ［美］摩尔根：《古代社会》，杨东莼、马雍、马巨译，247页，北京，中央编译出版社，2007。

戎狄之间，复修后稷之业，务耕种，行地宜……公刘卒，子庆节立，国于豳。庆节卒，子皇仆立。皇仆卒，子差弗立。差弗卒，子毁隃立。毁隃卒，子公非立。公非卒，子高圉立。高圉卒，子亚圉立。亚圉卒，子公叔祖类立。公叔祖类卒，子古公亶父立。古公亶父复修后稷、公刘之业，积德行义，国人皆戴之。……于是古公乃贬戎狄之俗，而营筑城郭室屋，而邑别居之。

——《史记·周本纪》

这段材料，几乎纯为事实的描述。但纵然如此，字里行间也还隐藏着史料编纂者①的观念。周族列祖列宗，自后稷至古公亶父，凡十三人。除了后稷、公刘和古公亶父，其余十人唯有"立"和"卒"，几乎没有其他记述。后稷、公刘和古公亶父流传下来的事迹很多，详加考察，我们不难发现他们有个共同点——"务耕种"。而其余十人，"去稷不务""饹戎狄之间"，带领族人过着居无定处的游荡生活。为什么务耕种者不惜笔墨，而其他人惜墨如金呢？其实，这反映的是史料编纂者关于文明与野蛮的观念：农耕的定居生活是文明，渔猎的游荡生活是野蛮。带领周族走向文明的祖宗自然要大书特书，而险使周族走向邪路的祖宗自然要为尊者讳。

法国史学家马克·布洛赫将史料分为有意证据和无意证据②。所谓无意史料，即作者无意而为之。如家庭账册，是家庭主妇记录给自己看的，不是为了影响当时人或后世历史学家。有意证据则相反，作者故意而为之，或者欲以自己的观念影响当时人，或者想为后世留下自己的最佳形象。绝大部分的文献材料和图像材料都属于有意证据，最典型的有意证据是演讲、漫画、宣传画等。在理解有意证据时，不能不详加考辨，否则就会在无意识中成为其意图的俘虏。下面试以例言之。

我们希望和平，而不求苟安；准备应战，而决不求战。我们知道全

---

① 这段材料体现的不一定是司马迁的观念，而是这段史料的最初编纂者的观念。司马迁撰《史记》，并非毫无前人基础。由于任太史公的便利条件，他大量参考了前代的档案与史料。这段史料，应该是基于前人的记述而写成。

② ［法］马克·布洛赫：《历史学家的技艺》，张和声、程郁译，48 页，上海，上海社会科学院出版社，1992。

国应战以后之局势，就只有牺牲到底，无丝毫侥幸求免之理。如果战端一开，那就是地无分南北，年无分老幼，无论何人，皆有守土抗战之责任，皆应抱定牺牲一切之决心。

——蒋介石《对卢沟桥事件之严正声明》(1937 年 7 月 20 日)①

这则材料流传很广，尤其是其中的"地无分南北，年无分老幼，无论何人，皆有守土抗战之责任，皆应抱定牺牲一切之决心"被后人视为抗战名言。在很多人看来，这是蒋介石所做的抗战总动员，其实不然。1937 年 7 月 17 日，蒋介石在庐山面向国内党政人士、著名学者和社会名流发表讲话。7 月 20 日，该讲话稿经过精心修改，发表于各大报纸。既然是公开发表，那就是想传达某种意图。因此，问题关键在于，蒋介石的预期读者是谁？如果是中国民众，那当然就是在做抗战总动员。但是，有没有其他的可能呢？蒋介石在日记里记载：

倭寇使用不战而屈之惯技，暴露无余。我必以战而不屈之决心待之，或可制彼凶暴，消弭战祸乎？

告国民书发表后之影响，是否因此引起战争？决不致此。我表示决心之文书，似已到时间。此中关键，非常心所能知也。人以为危，而我以为安。更应使倭寇明知我最后立场乃可戢其野心也。②

1937 年 7 月 21 日，蒋介石在日记中记载：

倭寇虚实与和战真相，可于今日表现。如过今日尚无最后通牒或坚强动作，则我国精神战胜者十之八，而形式胜利尚在其次。③

由此可见，《对卢沟桥事件之严正声明》是蒋介石对日本发动的一场"精神战"，其真实意图在于展示"战而不屈之决心"，希望日本知难而退，争取最好的结果——避免战争。

(三)综合的信息：内容、形式、价值

史料的内容由时间、地点、人物、事实、观念、意图等要素概括而

---

① 　陈益民：《七七事变真相》，124 页，南京，江苏人民出版社，2017。
② 　同上书，116 页。
③ 　同上书，117 页。

成，常以"这是一则关于什么的材料"的样式来呈现。比如，上文所述的《史记·周本纪》，综合其时间、地点、人物、事实、观念、意图等要素，我们可以推断，这是一则关于周族起源、世系和早期发展的材料，它反映了周族的社会形态和生产方式等方面的内容。

　　史料的形式是指材料属于一手材料还是二手材料，有意证据还是无意证据，文献资料、图像资料、实物资料还是口碑资料等。再具体一点，史料的形式还包括漫画、宣传画、新闻报道、演讲、日记、碑刻、铭文、墓志铭、家谱、奏章、档案、遗迹遗址、家庭账册、雕塑、地图、照片、绘画、民谣、民间传说、标语乃至音频和视频等。之所以深究史料的形式，是因为史料的形式关系到史料的可信度以及解读方法。比如，一手材料虽然不能视为当然可信，但它们无疑蕴含着更多的来自历史现场的气息，甚至包含有一些无意证据，让人收获意外之喜；二手材料经过后人遵循一定的准则进行了加工、转写、缩写甚至改写，因此使用之前最好要核对原文，以免出现讹误。文献材料重在养成对文字的敏锐性，从字里行间发现历史的隐秘信息；图像材料则要格外注意其外在形象和象征符号，因为它们往往是打开时代精神面貌和作者观念的钥匙。报纸材料不仅要注意报道的内容，更要注意报社的一贯立场；日记材料要区分私密日记还是写给别人看的日记；民间传说的内容虽然不尽可信，但却真实地反映了老百姓的心态；照片材料不仅要注意照片中的人，更要想到照片之外还有一个人，即摄影者。下面试以例言之。

　　右侧这幅漫画常被用于解释法国大革命的背景：法国农民深受特权等级的压迫，具有反抗性。这种解释自然有其合理性，但是，如果认真推敲的话，也会发现不少问题。首先，法国大革命不是从农民阶层兴起的，主要表现形式也不是农民斗争，而是城市暴动。其次，法国农民受压迫的程度在整个欧洲来讲并不是最严重的，俄罗斯农奴的命运比法国农民的命运更悲惨，但他们却安之若素，因此，受压迫的程度与反抗性的强度并不必然成正比。这种解读，潜意识中是把漫画当作了一种客观现实，而忽略了漫画是一种

主观现实。其实，漫画最大的价值不在于它是否忠实地反映了客观现实，而在于它所折射出来的社会心态与普遍观念。亦即，要将漫画放在心态史的角度去解读。这幅漫画的作者已不可考，但可以合理推测，他（她）应该不是农民阶级，而是资产阶级知识分子或者有觉悟的特权阶级（法国大革命中有不少贵族反叛了自己所处的阶级）。故此，这幅漫画体现的是，当时法国已经有人认识到等级制度的不合理，法国启蒙运动已经结出硕果。一个制度不合理，如果没有人站出来表示反对（如当时的沙俄），这个制度将继续存在下去；而当有人认识到这个制度的不合理并大声疾呼，这个制度离瓦解之日势将不远。

史料的价值可分宏观和微观两个层面。从宏观层面来讲，史料的价值在于它是历史研究的基础。没有史料，历史研究也就无从谈起。从微观层面来讲，史料的价值取决于问题，这也是本文所讲的史料价值。史料的价值建立在时间、地点、人物、事实、观念、意图、内容、形式等要素的基础上，但是，史料自身并没有价值。当它被用来回答问题时，时间、地点、人物、事实、观念、意图、内容、形式等要素就活起来了，史料的价值因此得以凸显。故此，史料的价值取决于它与问题之间的关联。问题提对了，史料就有价值；问题提错了，史料就没有价值。诚如陈寅恪先生所言："盖伪材料亦有时与真材料同一可贵。"[1]如果用伪材料来回答其伪托的时代及作者的思想，这将导致南辕北辙之谬误；但如果用伪材料来回答作伪时代及作者的思想，那么该材料将极富价值。再如神话和传说，看似荒诞，但只要问对了问题，它也有很大的价值。正如上文中的《史记·周本纪》，如果我们能提出问题："为什么弃知道母亲的名字，而不知道父亲的名字？""为什么弃之后的父子传承关系一目了然？""为什么周族列祖列宗的事迹有详有略？其标准是什么？"史料就会向我们揭开它那神秘的面纱。

当然，并非所有的史料都包含时间、地点、人物、事实、观念、意图、内容、形式、价值三个层面九个要素的信息，如无意证据就不包含意图。但这三个层面九个要素，作为获取有效信息的分析框架，是基本

---

[1]　陈寅恪：《金明馆丛稿二编》，248 页，上海，上海古籍出版社，1980。

合用的。至于获取方式，有直接提取，有合理推测，有核实查证，甚至有综合判断，皆需视具体情况而定。

四、三层次对话模式及其运用

(一)历史学习的三层次对话模式

从某种意义上讲，历史学习就是对话，有三层次对话，即学生与历史的对话、学生与他人的对话、学生与自我的对话。学生与历史的对话，又可分作解读文本、解释联系、诠释意义三个层级；学生与他人的对话，主要是由于视野、角度、立场的差异，方有协商之必要；学生与自我的对话，是在内省基础上进行的主动建构。

1. 学生与历史的对话

在历史教学中，学生首先与历史发生对话。在对话的过程中，学生要对文本(史料)的内涵做出解读，要对史实的因果关系做出解释，要对历史进行意义诠释。

E. H. 卡尔认为："历史是历史学家与历史事实之间连续不断的、互为作用的过程，就是现在与过去之间永无休止的对话。"①套用这个句式，则"历史教学是学生与历史及与历史事实之间连续不断的、互为作用的过程，就是现在与过去之间永无休止的对话"。这种对话，可从三个方面去理解。

第一，历史是现在与过去的对话，而非现在对过去的审判。

既是对话，则对话伙伴之间的关系是平等的，拥有同样的发言权。双方进行心与心的交流，以求沟通与理解。审判则是审判者掌握道德霸权和话语霸权，对被审判者进行历史的审判，或者将其"钉在历史的耻辱柱"，或者将其"高悬历史的光荣榜"，奖罚分明。

审判的前提是审判要具有合法性，亦即审判者拥有合法的权力来源。学生在面对过去时，容易将自己置于历史的制高点，俯视历史，开展审判。其实，"后之视今，犹今之视昔"。今日的学生和古人一样，也

---

① [英]E. H. 卡尔：《历史是什么？》，陈恒译，115 页，北京，商务印书馆，2007。

有时代的局限和阶级的局限。只要历史没有终结，就不可导致对历史的审判。

纵使不提审判的合法性，单说审判的结果也不能令人完全信服。因为在不同时代的"今人"眼中，历史的耻辱柱和光荣榜上的名单并不一样。今天某某被钉在历史耻辱柱，明天会有人把他放在历史光荣榜。历史上，孔子在光荣榜和耻辱柱上尴尬地进进出出，不就是明证？只要历史还在延续，"今人"的审判就不是最终的审判，就缺乏一语定荣辱的威力。既然如此，为何不进行心平气和的平等对话，认真倾听历史老人的智慧与遗憾？

第二，历史是现在与过去永无休止的对话，而非一次性的交流。

现在与过去的对话，不是一次定终身，而是持续不断的。随着新史料的发现、史料范围的扩大和研究方法的进步，现在与过去的对话都会进一步深入。甲骨文的发现、社会生活进入史学视野、社会科学研究方法的推陈出新，都大大推动了对话的深入进行。更重要的是，学生生活在当下。作为一个生活在"当下"的社会人，学生不可避免地带着本时代的趣味、情感、观念和思维方式去关怀过去，与过去对话的对象和内容就有所不同。正如 E. H. 卡尔所言："历史学家与历史事实之间互相作用的进程……不是一场抽象的、孤立的个人之间的对话，而是近日社会与昨日社会之间的对话。"[①]

比如，中华人民共和国成立后前 30 年间史学争鸣的热点问题是中国古史分期问题、封建土地所有制形式问题、农民战争问题、资本主义萌芽问题、汉民族形成问题，俗称为古代史研究的"五朵金花"。这些问题，一般都和中国革命息息相关，如中国革命的形式（阶级斗争）、革命任务（生产资料所有制的变革）、革命结果（社会形态的更替）。这些宏大主题显然是受刚刚过去的疾风骤雨式的革命的影响。

即使是同一对象，对话的内容也会随着时代的变化而有所损益。比如说，以前的学者受革命史观的影响，在与洋务运动对话时，主要是谈其阶级局限性，即无法突破传统观念的樊篱，不进行政治制度的变革，

---

① ［英］E. H. 卡尔：《历史是什么？》，陈恒译，146 页，北京，商务印书馆，2007。

以镇压农民革命为主旨，等等。而现在的学者与洋务运动的对话，主要是要谈洋务运动中改革的艰难和策略、开展近代化的经验和教训。之所以会有这样的变化，是因为以前新民主主义革命刚刚结束，当年的学者关注的是被革命者的腐朽性和革命的合法性；当下我国改革进入深水期，现在的学者关注的是改革能否以最小的成本顺利进行。

根据时代的需要，现在与过去展开永恒的对话，这就是历史至今仍富有魅力的原因，也是历史逝而不死的奥秘。

第三，现在与过去的对话，如何成为可能？

人都生活在特定的时空。现在与过去的对话，有两大障碍——时间差异和空间差异。由于时空的差异，古人和今人的价值理念与行为规范有很大差别，这就给对话造成了困难。

比如说，在不远的过去，我们的社会有人为了打捞集体的木材跳进激流而丧生，那时信奉的是集体至上的价值理念；而现在则鲜见这种事情，更没有人会为此大张旗鼓地宣扬，因为人们觉得生命的价值远远超出木材的价值。既然如此，今日的学生又如何能理解几千年前的人们？

在历史教学中，有一个由来已久的说法，即"不苛求古人"，不把今人的观念强加到古人身上。此话当然无误。比如说，学生不能和秦始皇谈现代的民主和人本的理念。但是，存在即合理，古人所作所为均有其历史的"合理性"。难道学生要与秦始皇大话韩非子的学说？显然，这两种做法都有点荒谬。那么，学生以秦朝时期普遍的价值理念为标准与秦始皇对话，何如？也就是说，秦始皇可以不民主但不要过于专制，可以不民本但不要过于暴政；学生不苛求秦始皇，但秦始皇也不能违背当时的"社会公德"。

陈寅恪先生在《冯友兰〈中国哲学史〉审查报告》中，有一段不朽的名言："凡著中国古代哲学史者，其对于古人之学说，应具了解之同情方可下笔。盖古人著书立说，皆有所为而发；故其所处之环境，所受之背景，非完全明了，则其学说不易评论。而古代哲学家古今数千年，其时代之真相，极难推知。吾人今日可依据之材料，仅为当时所遗存最小之一部；欲借此残余断片，以窥测其全部结构，必须备艺术家欣赏古代绘画雕刻之眼光及精神，然后古人立说之用意与对象，始可以真了解。所谓真了解者，必神游冥想，与立说之古人，处于同一境界，而对于其持论所以不得不如是之苦心孤诣，表一种之同情，始能批评其学说之是非得失，而无隔阂肤廓之论。"①

这段话被奉为经典，可也常被人误解。大家往往认为：研究历史就是要对古人具"了解之同情"，也就是不苛求古人。其实，细读陈文，我们会发现，"了解之同情"是基础；其目的在于"批评其学说之是非得失"。"了解之同情"是指与古人"处于同一境界"，即了解古人所思所想、所欲所求，还原历史本来面目；而"批评其学说之是非得失"，则建立在现代人的情感基础上，并以实现今人与古人的沟通为主旨。正如林继中先生所说："盖研究古人，往往需用双视角，一则以今日之价值体系为参照而视之；一则依当日之价值体系为参照而视之。前者即'所有历史都是现代史'之谓也；后者即对古人'了解之同情'，二者不可偏废。"②

只有在双视角的审视下，今人与古人的对话才能避免鸡同鸭讲的尴尬，才能实现可沟通、有意义的初衷。

2. 学生与他人的对话

在对历史进行意义诠释时，不同的人由于其视野、角度和立场存在差异，对历史的意义诠释各不相同。每个人在与历史对话的过程中，都有自己特定的视域。"视域就是看视的区域，它包括了从某个立足点出发所能看到的一切。"③而在对话的过程中，学生必然会加入自己的固有思想，否则就会无法理解古人，对话也就无从谈起。伽达默尔认为："在重新唤起本文意义的过程中解释者自己的思想总是已经参与了进去。就此而言，解释者自己的视域具有决定性作用，但这种视域却又不像人们所坚持或贯彻的那种自己的观点……在这种谈话中得到表述的事情并非仅仅是我的意见或我的作者的意见，而是一件共同的事情。"④

史料本身不会说话，是当今时代的人替它说话。历史事实是客观存

---

① 陈寅恪：《金明馆丛稿二编》，247 页，上海，上海古籍出版社，1980。

② 林继中：《对古人了解之同情》，载《光明日报》，2004-04-28。

③ ［德］汉斯·格奥尔格·伽达默尔：《诠释学Ⅰ：真理与方法》，洪汉鼎译，译者序言，北京，商务印书馆，2013。

④ 同上书，546 页。

在，但它要经由人的理解与解释，才被赋予价值、意义。学生在解释历史的时候，必然会受到阶级、时代、文化背景、价值观念和个人素质等方面的限制，选择的立场、角度和方法不尽相同，从而导致对历史事件的解释千差万别。与他人对话，实际上就是每个人从自己的视域出发，最终达到视域融合。海德格尔认为："把某某东西作为某某东西来解释，这在本质上是通过先行具有、先行视见和先行掌握来起作用的。解释从来不是对先行给定的东西所做的无前提的把握。……任何解释工作之初都必然有这种先入之见，它作为随着解释就已经'设定了的'东西是先行给定的，这就是说，是在先行具有、先行视见和先行掌握中先行给定的。"①比如商鞅变法，基本的史实无非是废井田、重农桑、奖军功、统一度量衡和建立县制等。但千载以来，对商鞅变法的评价却始终不一。司马迁认为，商鞅变法"行之十年，秦民大悦，道不拾遗，山无盗贼，家给人足，民勇于公战，怯于私斗，乡邑大治"。同为史学大家的司马光在写《资治通鉴》时，却这样写道："行之十年，秦国道不拾遗，山无盗贼，民勇于公战，怯于私斗，乡邑大治。"两相对照，可看出司马光在基本引用司马迁记载的同时，删掉了"秦民大悦"和"家给人足"。虽然司马光删掉的只是两个词，但却否定了司马迁这段记载认为秦国民众支持商鞅变法的说法。只要联想到司马光对于王安石变法的态度与立场，我们便不难理解司马光的这种做法与态度。

由此可见，"先行具有、先行视见和先行掌握"对于我们理解历史具有极端重要的意义。仅仅从史实的角度去把握观点，而不追究持论者的视野、角度或立场，学生将陷入观点的泥沼，或迷惑不解，或人云亦云。

不独史学家在研究历史之前"先行具有、先行视见和先行掌握"，在历史教学中，学生同样如此。每个学生都是从自己特定的视野、角度和立场来思考问题。因此，在历史教学中，务必要彻底转变学习方式，开展合作学习，让学生彼此对话，让学生与教师对话，以了解他人观点背

---

① ［德］海德格尔：《存在与时间》，陈嘉映、王节庆合译，176 页，北京，生活·读书·新知三联书店，2006。

后的视野、角度与立场，而不求统一意见。

当今社会日益分化，社会利益多元趋势不可逆转。不同社会群体的多元利益如何协调，成为年轻学生不得不面对的问题。"民主并不只是一种政治形态，主要乃是一种共同生活的模式，一种协同沟通的经验。"①在这种背景下去思考历史教学中的学生与他人的对话，不仅具有认知上的意义，更有重大的社会意义。学生在与他人的对话过程中，懂得人们是互相依赖的，人们的观念和行为是多样的，善于倾听从而理解他们的观点与角度，保持个体完整性与群体参与性的平衡，习得民主社会的生活方式，于国于民，善莫大焉。

3. 学生与自我的对话

学生与历史的对话，学生与他人的对话，其最终的目的，就是学生与自我的对话，认识自我，并做更好的自我。

一切历史都是人的历史。历史是人类生存发展和精神发展的过程。在纷繁复杂的历史事件、历史现象、历史文物、历史文献的背后，隐藏着人的喜怒哀乐和内在精神。而人类之所以要研究历史，无非是要认识人类自身。布洛赫认为："从本质上看，历史学的对象是人。还是让我们把它称作'人类'吧。复数比单数更便于抽象，相对而言，复数的语法形态更适用于一门研究变化的科学。地形特征、工具和机器、似乎是最正式的文献、似乎是与其缔造者完全脱离的制度，而在所有这些东西背后的是人类。历史学家所要掌握的正是人类，做不到这一点，充其量是博学的把戏而已。优秀的史学家犹如神话中的巨人，他善于捕捉人类的踪迹，人，才是他追寻的目标。"②卡西尔说："艺术和历史学是我们探索人类本性的最有力的工具。没有这两个知识来源的话，我们对于人会知道些什么呢？……历史学与诗歌乃是我们认识自我的一种研究方法，是建筑我们人类世界的一个必不可少的工具。"③

---

① [美]约翰·杜威：《民主与教育》，薛绚译，78页，南京，译林出版社，2012。

② [法]马克·布洛赫：《历史学家的技艺》，张和声、程郁译，23页，上海，上海社会科学院出版社，1992。

③ [德]恩斯特·卡西尔：《人论》，甘阳译，284～285页，上海，上海译文出版社，1985。

俗话说，以史为鉴。常常有人将其理解为从历史中汲取经验教训。但论者往往会忽略一个显而易见的事实，即历史是镜子，但透过镜子看到的人却是自我。历史是自知的知识。在历史教育中，历史教师应该善于捕捉人类的踪迹，聚焦于学生对历史人物的思想与行动的理解，从而让学生在历史学习中认识自我，进而获得思考力与行动力。正如雅斯贝尔斯所言："从历史中我们可以看到自己，就好像站在时间中的一点，惊奇地注视着过去和未来，对过去我们看得愈清晰，未来发展的可能性就愈多。"①根据德罗伊森的看法，"人类的自我，借着历史知识为媒介，展开自己对自己的认识：历史知识是自知的知识——知识的主人，认识他自己是某个历史演变的结果；也洞识他在与时俱移的（个人与世界的）活动中，所形成的个性"②。

与他人的对话，同样是认识自我的重要路径。哲人云：他者即自我。有他人的视野、角度与立场作为参考，才会懂得返回自我的内心，知晓自我视野、角度与立场之所在，明了"我之为我"的根本；彻悟自我视野、角度与立场之偏狭，抓住"完善自我"的契机。

总之，学生与历史的对话，与师长和同伴的对话，都是为了认识自我，做好自我。既然我们每一个人都不可能成为他人，那么我们就一心一意做自我，做更好的自我。做更好的自我的过程，就是学生与自我对话的过程。这是最高层次的对话，看不见、摸不着，但自觉不自觉地都在进行。

历史教学的本质，乃是灵魂与灵魂的对话，包括古人与今人对话、教师和学生对话、学生和学生对话。通过对话，增进理解，认识自我。在对话中，学生如何对待历史，就是如何对待生活；如何对待师长与同伴，就是如何对待自我。而这种对话，其最终结果就是对学生人格的培育。

---

① ［德］雅斯贝尔斯：《什么是教育》，邹进译，58 页，北京，生活·读书·新知三联书店，1991。

② ［德］德罗伊森：《历史知识理论》，胡昌智译，16 页，北京，北京大学出版社，2006。

（二）三层次对话模式及其实践

三层次对话模式也可以以史料为中心展开。

学生与历史的对话，其基本的中介就是史料，对话的缘起是问题。学生感到困惑，对史料及作者提出问题，迫使作者进行回答，对话就此产生。故此，对话的艺术就是提问的艺术。学生对史料提出的问题，其蓝本就是史料阅读支架中的那些问题。这种对话，是一种认知性对话，或称"文化性实践"，有助于深化历史认识、提升思维品质。

学生与他人的对话，包括两个方面：一是学生与教师的对话，一是学生与学生的对话。教师是平等中的首席，与学生的人格是平等的，学识却远在学生之上。学生之间亦具有不平衡性，因家庭文化背景、生活经验等方面的差异，具有不同的视域，他们对史料各有理解。这种对话，是一种"社会性实践"，是为学生参与社会生活做准备的。

学生与自我的对话，是指学生在上述两层次对话的基础上，反观自我。这是因为，他者即自我。对他者特性的认识，实际上就是在为自我定位。而对自我的认识，实际上也是建立在区分他者的基础上。对于学生来说，史料中的古人、课堂中的教师和同学，都是他者。与他者的对话，最终却落在了对自我的认识。这种对话，是过去的我与今天的我的对话，是一种"反思性实践"①，要解决的是意义问题。

在三层次对话模式中，以史料为媒介，历史思维能力的四大要素——时间、证据、理解、意义均涵盖其中。前两个层次的对话，解决的是时间、证据和理解的问题；学生与自我的对话，解决的是意义的问题。故此，这不仅是个智力活动，而且还关乎学生人格的成长。

第一层次对话的关键在于理解史料。教师提供若干主干材料，一定要有一手材料，可以有二手材料，指导学生从来源、语境等入手，对主干材料进行多角度的解读，尽可能地把握材料的丰富内涵。这个阶段学

---

① 日本学者佐藤学认为，"学习是相遇与对话，是与客观世界对话（文化性实践）、与他人对话（社会性实践）、与自我对话（反思性实践）的三位一体的活动"。参见曾国华、于莉莉：《专访佐藤学："学习是相遇与对话"》，载《中小学管理》，2013(1)。

生往往以个体的形式完成学习任务。

第二层次对话的关键在于换位思考。学生往往要结成各种小组，进行历史角色体验。历史如同现实，人们分属于不同的利益群体，基于自己的视角去看问题，从而得出截然不同的结论。这种换位思考，能让学生体验到人们的观念和行为是多种多样的，要善于倾听并理解他们。

第三层次对话的关键在于建立意义。这个阶段学生又回到个体形式，因为意义是因人而异的，且只能落实到个体身上。学生通过完成教师布置的、与现实或自身密切相关的活动，进而实现意义化。

三层次对话模式如何进行呢？下面举例说明。

（教师呈现《解放宣言》，让学生根据宣言内容讨论宣言的作用，学生从调动北方积极性，推动逃亡黑奴参军，瓦解叛乱阵营、稳定未叛乱的蓄奴州三个角度回答）

师：如果我们仔细分析，不难发现，当林肯公布宣言的那一刻，实际上连一个黑奴也没解放，叛乱的州不愿执行，没叛乱的州不必执行，这个宣言只是一张有待兑现的支票。林肯为何要如此规定呢？我们也许可以从他曾经的一封信中得到答案："我的最高目标是拯救联邦，既不是保全奴隶制度，亦非摧毁奴隶制度。如果不解放一个奴隶就能保存联邦，我就一个不放；如果解放全部奴隶就能保存联邦，我就全部解放；如果解放一部分奴隶不解放其他奴隶就能保存联邦，我也照办。"

正是因为这个宣言打出了为自由和正义而战的旗帜，林肯政府得到了英、法等国人民的广泛支持，从而迫使他们的政府最终放弃了武装干涉美国内战的企图。

这个案例呈现了两则材料，一是《解放宣言》，二是林肯的一封信。教师针对前者提出了一个问题：为何《解放宣言》实际上连一个黑奴都没有解放[①]？然后用后者去解释这个问题，认为林肯以拯救联邦为首要目

---

① 这实际上是当时人的不合理的批评。据历史学家考证，当时解放了约 5 万黑奴。参见[美]埃里克·方纳：《烈火中的考验》，于留振译，281 页，北京，商务印书馆，2017。

标，奴隶制对其来说无关紧要（手段而已），故此颁布了一个有名无实的宣言，希望靠自由的名分去换取外国的不干涉。这种解释有一定的道理，但过于片面，是值得商榷的。第二个材料是一封信，既然是信，写作的时间、对象和动机就极为重要，但是教师对此并没有介绍，这封信就成了"无时间""无对象""无语境"的"三无"作品。正因为来源和语境不详，对这则材料的理解就流于表面，进而也就影响了对《解放宣言》的解释。

为更好地理解这两则材料，我们先整理出一个大事记：

1862 年 7 月 22 日，林肯向内阁成员宣读了他起草的废奴文件，决意废奴。

1862 年 8 月 20 日，废奴主义者霍勒斯·格里利在《纽约论坛报》上发表了写给总统的长篇公开信，敦促林肯废除奴隶制度。

1862 年 8 月 22 日，林肯将其回信公开发表在《全国通讯报》，信中有一句很重要的话："我在此是根据我对我的政府职责的理解来阐明我的目标的；我丝毫无意于修改我经常表达的个人愿望，那就是，任何地方的所有人都是可以获得自由的。"

1862 年 9 月 22 日，林肯正式公布《解放宣言》。

由此可见，理解这封信有几个关键点：

第一，早在致霍勒斯·格里利信之前的一个月，林肯就决意废奴。他为何不在信中告诉霍勒斯·格里利？

第二，林肯将其信件公开发表，肯定是希望更多的人知道。他希望美国国民知道什么？

第三，林肯在信中说他的政府职责和个人愿望是不一致的，如何理解？

第四，一个月后，林肯就颁布了《解放宣言》，如何理解？

如果这几个问题没弄清楚，就很难谈得上理解这封信的意义。

如果采用三层对话模式，就可以这样设计。

第一层次：学生与历史的对话。通过提出问题和回答问题，理解历史。

步骤1：教师呈现材料。

在这场斗争中，我的最高目标是拯救联邦，而不是保全奴隶制或摧毁奴隶制。如果我在不解放任何奴隶的情况下就能拯救联邦，我愿意这么做；如果我可以通过解放所有奴隶才能拯救联邦，我也愿意这么做；如果为了拯救联邦需要解放一部分奴隶，而保留另一部分，我同样愿意这样做。

——林肯①

问题：根据材料，林肯对奴隶制度持什么态度？

意图：故意呈现无来源、无语境且断章取义的史料，让学生初步进行判断，以便与后面形成反差。这种反差是激发学生思维的最好途径。

步骤2：在学生回答后，教师补充相关信息。

在这场斗争中，我的最高目标是拯救联邦，而不是保全奴隶制或摧毁奴隶制。如果我在不解放任何奴隶的情况下就能拯救联邦，我愿意这么做；如果我可以通过解放所有奴隶才能拯救联邦，我也愿意这么做；如果为了拯救联邦需要解放一部分奴隶，而保留另一部分，我同样愿意这样做。……我在此是根据我对我的政府职责的理解来阐明我的目标的；我丝毫无意于修改我经常表达的个人愿望，那就是，任何地方的所有人都是可以获得自由的。

——林肯②

问题：你的看法发生改变了吗？为什么？

意图：该步骤是想让学生明白，要在文本的内在语境（即上下文）中理解话语的意义。如果只看到三言两语就轻下结论，很容易犯断章取义的错误。

步骤3：在学生回答后，教师再提供史料的来源和语境信息。

1862年7月22日，林肯举行内阁会议，向内阁成员宣读了一项命

---

① 此段文字综合了三本书的表述。[美]詹姆斯·麦克弗森：《林肯传》，田雷译，62~63页，北京，中国政法大学出版社，2016；[美]本杰明·P. 托马斯：《林肯传》，周颖如、魏孟淇、周熙安译，327~328页，北京，商务印书馆，2013；[美]埃里克·方纳：《烈火中的考验》，于留振译，263~264页，北京，商务印书馆，2017。

② 同上。

令，决定从 1863 年 1 月 1 日起，在仍被南部同盟控制的"任何州内的所有奴隶从那以后将永远获得自由"。①

1862 年 8 月 20 日，废奴主义者霍勒斯·格里利在《纽约论坛报》上发表了写给总统的长篇公开信，题目是"两千万人的祈祷"，敦促林肯执行《第二部敌产没收案》，包括其"解放奴隶的条款"。②

1862 年 8 月 22 日，林肯把给霍勒斯·格里利的回信发表在《全国通讯报》。

问题：

第一，早在致霍勒斯·格里利信之前的一个月，林肯就决意废奴。他为何不在信中告诉霍勒斯·格里利？

第二，林肯将其信件公开发表，肯定是希望更多的人知道他信件中写的内容。他希望美国国民知道什么？

第三，林肯在信中说他的政府职责是拯救联邦，而他的个人愿望是解放黑奴，你认为哪个是他的真心话？

第四，除以上问题外，你还有什么问题想问林肯？

意图：该步骤旨在通过问题的设计，使学生置身林肯写信的语境，尝试着理解林肯写信之意图。

第二层次：学生与他人的对话。学生分成几个小组，饰演不同角色。

步骤 4：教师呈现材料，学生分组回答问题。

温德尔·菲利普斯在写给废奴主义者盖伊的一封信中称，林肯的回信是"迄今来自自由人民的首领那里的最可耻的文献"。盖伊本人却很乐观，他写到，北部的普遍印象是，林肯很快就会宣布，为了拯救联邦，"摧毁奴隶制"是必要的。③

小组 1（霍勒斯·格里利）：你对林肯的回信感到满意吗？

---

① ［美］埃里克·方纳：《烈火中的考验》，于留振译，252～253 页，北京，商务印书馆，2017。

② 同上书，263 页。

③ ［美］埃里克·方纳：《烈火中的考验》，于留振译，264 页，北京，商务印书馆，2017。

小组 2（温德尔·菲利普斯）：你为什么对林肯感到失望？

小组 3（盖伊）：你为什么感到非常乐观？

小组 4（南方的奴隶主）：当你看到林肯的公开信时，你有什么感想？

小组 5（一个主张维护联邦统一，但却歧视黑人的白人）：当你看到林肯的公开信时，你有何感想？

意图：林肯是全体美国人的总统，他的信既然公开发表在报纸上，就是给全体美国人看的。因此，他在措辞的时候，应该是反复斟酌，考虑到美国各个阶层的可能反应，并希望得到尽可能多的支持。林肯的措辞非常讲究，也很模糊，可做多种解释，以致温德尔·菲利普斯和盖伊虽同为废奴主义者，却做出了两种不同的解释。实际上，只要联系到林肯在写信之前的作为（"不解放任何奴隶"），就不难看出林肯此信的倾向性（"解放所有奴隶"或"解放一部分奴隶而保留另一部分"）。采用这种角色体验的方式，旨在让学生从他者的角度，对林肯的行为再做一番审思。

步骤 5：教师呈现材料，学生分组回答问题。

1862 年 9 月 22 日，林肯颁布初步的《解放宣言》宣布："从 1863 年 1 月 1 日起，凡在当地人民尚在反抗合众国的任何一州之内，或一州的指定地区之内，为人占有而做奴隶的人们都应在那时及以后永远获得自由。"获得解放的黑人可以参军。

1863 年 1 月 1 日，林肯颁布最后的《解放宣言》，宣称自己"在合众国政府遭受武装叛乱时期，依据合众国陆海军总司令职权，为剿灭上述叛乱而采取适当的与必需的军事手段"，正式解放叛乱各地的黑奴。①

小组 1（废奴主义者）：当你看到《解放宣言》时，你感到愤怒还是高兴？

小组 2（逃亡的南方黑奴）：当你看到《解放宣言》时，你想干什么？

小组 3（未叛乱地区的奴隶主）：当你看到《解放宣言》时，你有何

---

① 南佛罗里达大学教育学院教育技术中心网站：http://etc. usf. edu/lit2go/133/historic-american-documents/4958/the-emancipation-proclamation，2022-03-28。

感想？

小组 4（最高法院法官）：你认为林肯有权解放黑奴吗？你认为林肯违宪吗？

小组 5（林肯的政敌）：林肯的《解放宣言》有没有给你留下可以攻击的把柄？

意图：该步骤与步骤 4 的意图大致类似。不同之处在于，该步骤增加了另外两个重要的角色——最高法院法官和林肯的政敌。美国是三权分立的国家，总统的权力受到国会和最高法院的制约。按照法律，只有修改宪法才能废除奴隶制度，但这是国会的权限。所以，林肯刻意强调他是以总司令的职权采取军事措施，是害怕被控违宪，让政敌抓住把柄。

第三层次：学生与自我的对话。这种对话是内隐的，在完成任务的过程中潜移默化地形成。

步骤 6：教师布置任务，学生课外独立完成。

决策训练：设想你是林肯的内阁成员，对林肯忠心耿耿。现在美国因奴隶制而陷入内战，不同利益群体的观点对立严重，有激进的废奴主义者，有坚定的分裂主义者，有顽固的种族主义者，更有大量的中间派别。即使在主张解放黑奴的人中，也有众多意见：有人主张立即解放全部黑奴，有人主张逐步解放黑奴；有人主张给予被解放者平等待遇，有人对黑人与白人平等感到恐惧，还有人主张将其返送到非洲大陆。国会和最高法院随时都有人准备弹劾林肯，行政部门也有人等着看他的笑话或取而代之。请你给林肯写一封信，建议他慎重地处理奴隶制的问题。

要求：1. 你的主张要明确，措施要具体。

2. 要有 6～8 句引文，4～6 部参考文献。

意图：透过当时的一个局外人的眼睛，来看当时林肯所面对的世界，对林肯的行为再做全面的思考。引文和参考文献是要培养学生历史阅读和论从史出的习惯。这个活动实际上是要促进学生知识的个性化，他们所学到的并不是林肯，"而是他们自己的感受与看法，尽管此时这些感受与看法非常内隐，不易察觉到"①。

三层次对话模式，通过对古人的理解、对他人的理解，进而加深对自己的理解。在这种模式中，历史就像是一面镜子，透过镜子，我们更好地认识了自己。这就是人文科学的意义所在。

---

① [美]杰罗姆·布鲁纳：《教学论》，姚梅林、郭安译，142 页，北京，中国轻工业出版社，2008。

参考文献

一、专著

白月桥：《历史教学问题探讨》，北京，教育科学出版社，2001。

陈新：《历史认识：从现代到后现代》，北京，北京大学出版社，2010。

陈新：《西方历史叙述学》，北京，社会科学文献出版社，2005。

陈志刚：《历史课程本体研究》，天津，天津教育出版社，2012。

陈益民：《七七事变真相》，南京，江苏人民出版社，2017。

陈寅恪：《金明馆丛稿二编》，上海，上海古籍出版社，1980。

王观泉选编：《〈独秀文存〉选》，贵阳，贵州教育出版社，2005。

程彪、杨魁森：《思的事情——历史思维方式初探》，长春，吉林人民出版社，2014。

傅斯年：《史学方法导论》，雷颐点校，北京，中国人民大学出版社，2004。

耿云志、宋广波编：《胡适书信选》，北京，外语教学与研究出版社，2012。

谷振诣、刘壮虎：《批判性思维教程》，北京，北京大学出版社，2006。

广东省社会科学院历史研究室等编：《孙中山全集》第一卷，北京，中华书局，1981。

何兆武：《可能与现实：对历史学的若干反思》，北京，北京大学出版社，2017。

何成刚、张汉林、沈为慧：《史料教学案例设计解析》，北京，北京师范大学出版社，2012。

胡明编选：《陈独秀选集》，天津，天津人民出版社，1990。

洪汉鼎主编：《理解与解释——诠释学经典文选》，北京，东方出版社，2001。

黄济、王策三主编：《现代教育论》，北京，人民教育出版社，1996。

李峻主编：《高中历史阅读与写作概论——以历史名著、历史影视作品和历史小说为重点》，上海，复旦大学出版社，2017。

李世安等主编：《世界现代史新论（第三编）》，北京，中国华侨出版社，2007。

林慈淑：《历史，要教什么？——美、英历史教育的争议》，台北，台湾学生书局有限公司，2010。

吕思勉：《中国通史（插图典藏本）》，上海，上海人民出版社，2015。

吕思勉：《史学与史籍七种》，上海，上海古籍出版社，2009。

刘北成、陈新编：《史学理论读本》，北京，北京大学出版社，2006。

孟钟捷、［德］苏珊·波普、［韩］吴炳守主编：《全球化进程中的历史教育：亚欧教科书叙事特征比较》，上海，上海三联书店，2013。

聂幼犁：《中学历史教育论》，上海，学林出版社，1999。

彭聃龄：《普通心理学（修订版）》，北京，北京师范大学出版社，2001。

彭禹、沈时炼、张炎林：《海派历史教学透析》，北京，北京师范大学出版社，2014。

彭树智主编：《世界史·现代史编（下卷）》，北京，高等教育出版社，1994。

齐健、赵亚夫等：《历史教育价值论》，北京，高等教育出版社，2003。

钱乘旦、许洁明：《英国通史》，上海，上海社会科学院出版社，2002。

桑兵：《桑兵自选集》，广州，中山大学出版社，2017。

唐孝威、何洁等编著：《思维研究》，杭州，浙江大学出版社，2014。

王雄：《历史教学心理学》，北京，北京出版社、北京教育出版社，2001。

王道平：《中国抗日战争史（上卷）》，北京，解放军出版社，2005。

文祥、丁一译著：《外国著名演讲赏析》，长春，吉林文史出版社，1988。

徐峰华：《补天术：大变局中的李鸿章》，杭州，浙江大学出版社，2017。

《马克思恩格斯选集》第 1 卷，北京，人民出版社，1995。

《马克思恩格斯选集》第 4 卷，北京，人民出版社，1995。

周建漳：《历史哲学》，北京，北京大学出版社，2015。

朱智贤、林崇德：《思惟发展心理学》，北京，北京师范大学出版社，1986。

朱本源：《历史学理论与方法（修订本）》，北京，人民出版社，2012。

赵恒烈：《历史思维能力研究》，北京，人民教育出版社，1998。

赵亚夫、张汉林主编：《国外历史课程标准评介》，北京，北京师范大学出版社，2017。

赵亚夫主编：《国外历史课程标准评介》，北京，人民教育出版社，2005。

赵亚夫：《中学历史教育学》，北京，中国建材工业出版社，1997。

张耕华：《历史哲学引论》，上海，复旦大学出版社，2004。

周振甫：《周振甫讲〈管锥编〉〈谈艺录〉》，南京，江苏教育出版社，2005。

周毅编著：《美国历史与文化（第 2 版）》，北京，首都经济贸易大学出版社，2015。

中国人民政治协商会议全国委员会文史资料研究委员会编：《文史资料选辑（第 6 辑）》，北京，中华书局，1960。

郅庭瑾：《为思维而教》，北京，教育科学出版社，2007。

［美］埃里克·方纳：《烈火中的考验》，于留振译，北京，商务印书馆，2017。

［法］安托万·普罗斯特：《历史学十二讲》，王春华译，北京，北京大学出版社，2012。

［美］本杰明·P. 托马斯：《林肯传》，周颖如、魏孟淇、周熙安译，

北京，商务印书馆，2013。

[美]彼得·法乔恩：《批判性思维：思考让你永远年轻》，李亦敏译，北京，中国人民大学出版社，2013。

[德]德罗伊森：《历史知识理论》，胡昌智译，北京，北京大学出版社，2006。

[美]约翰·杜威：《民主主义与教育》，王承绪译，北京，人民教育出版社，2001。

[美]约翰·杜威：《我们怎样思维 经验与教育》，姜文闵译，北京，人民教育出版社，2005。

[英]E. H. 卡尔：《历史是什么?》，陈恒译，北京，商务印书馆，2007。

[瑞士]费尔迪南·德·索绪尔：《普通语言学教程》，高名凯译，北京，商务印书馆，1980。

[美]格兰特·威金斯、杰伊·麦克泰格：《追求理解的教学设计》，闫寒冰等译，上海，华东师范大学出版社，2017。

[苏]莱纳：《历史教学中发展学生的思维能力》，白月桥译，北京，教育科学出版社，1989。

[德]海德格尔：《存在与时间》，陈嘉映、王庆节合译，北京，生活·读书·新知三联书店，1987。

[美]汉娜·阿伦特：《过去与未来之间》，王寅丽、张立立译，南京，译林出版社，2011。

[德]汉斯-格奥尔格·伽达默尔：《诠释学Ⅰ：真理与方法》，洪汉鼎译，北京，商务印书馆，2013。

[德]亨利希·李凯尔特：《李凯尔特的历史哲学》，涂纪亮译，北京，北京大学出版社，2007。

[英]怀特海：《教育的目的》，庄莲平、王立中译，上海，文匯出版社，2012。

[美]加里·R. 卡比、杰弗里·古德帕斯特：《思维：批判性和创造性思维的跨学科研究》，韩广忠译，北京，中国人民大学出版社，2010。

[美]杰罗姆·凯根：《三种文化：21 世纪的自然科学、社会科学和

人文学科》，王加丰、宋严萍译，上海，格致出版社，2014。

[美]杰罗姆·布鲁纳：《布鲁纳教育文化观》，宋文里、黄小鹏译，北京，首都师范大学出版社，2012。

[美]杰罗姆·布鲁纳：《有意义的行为》，魏志敏译，长春，吉林出版社，2011。

[美]杰罗姆·布鲁纳：《教学论》，姚梅林、郭安译，北京，中国轻工业出版社，2008。

[美]杰克逊·斯皮尔福格尔：《世界历史（学生版）》，黄雁鸿等译，郑州，大象出版社，2006。

[德]康　德：《纯粹理性批判》，邓晓芒译，北京，人民出版社，2004。

[英]柯林武德：《历史的观念》，何兆武、张文杰译，北京，商务印书馆，1997。

[英]柯林武德：《柯林武德自传》，陈静译，北京，北京大学出版社，2005。

[美]卡尔·贝克尔：《人人都是他自己的历史学家：论历史与政治》，万马利译，北京，北京大学出版社，2013。

[美]林恩·亨特：《全球时代的史学写作》，赵辉兵译，郑州，大象出版社，2017。

[德]约恩·吕森主编：《跨文化的争论：东西方名家论西方历史思想》，陈恒、张志平等译，济南，山东大学出版社，2009。

[英]罗伯特·汤姆生：《思维心理学》，许卓松译，福州，福建科学技术出版社，1985。

[美]罗伯特·J.斯腾伯格：《心理学：探索人类的心灵》，李锐等译，南京，江苏教育出版社，2005。

[美]理查德·保罗、琳达·埃尔德：《批判性思维工具》，侯玉波、姜佟琳等译，北京，机械工业出版社，2013。

[美]理查德·保罗、琳达·埃尔德：《批判性思维概念与方法手册》，董焱宁译，北京，外语教学与研究出版社，2016。

[美]L.W.安德森等：《学习、教学和评估的分类学》，皮连生主

译，上海，华东师范大学出版社，2008。

[英]理查德·J. 埃文斯：《历史的另一种可能》，晏奎、吴蕾译，北京，中信出版社，2016。

[法]马克·布洛赫：《历史学家的技艺》，张和声、程郁译，上海，上海社会科学院出版社，1992。

[美]摩尔根：《古代社会》，杨东莼、马雍、马巨译，北京，中央编译出版社，2007。

[美]尼尔·布朗、斯图尔特·基利：《学会提问》，吴礼敬译，北京，机械工业出版社，2013。

[英]尼尔·弗格森：《虚拟历史》，颜筝译，北京，中信出版社，2015。

[美]尼尔·布朗、斯图尔特·基利：《学会提问》，吴礼敬译，北京，机械工业出版社，2013。

[美]罗伯特·J. 斯滕伯格、史维林：《思维教学：培养聪明的学习者》，赵海燕译，北京，中国轻工业出版社，2001。

[美]萨姆·温伯格等：《像史家一样思考》，宋家复译，台北，台大出版中心，2016。

[德]斯特凡·约尔丹主编：《历史学科基本概念辞典》，孟钟捷译，北京，北京大学出版社，2012。

张文杰编：《历史的话语》，桂林，广西师范大学出版社，2002。

[美]泰勒：《课程与教学的基本原理》，罗康、张阅译，北京，中国轻工业出版社，2008。

[英]特里·海顿等编：《历史教学法》，袁从秀、曹清华等译，重庆，重庆大学出版社，2015。

[德]威廉·狄尔泰：《历史中的意义》，艾彦译，南京，译林出版社，2014。

[德]马克斯·韦伯：《社会学的基本概念》，胡景北译，上海，上海人民出版社，2000。

[古希腊]亚里士多德：《诗学》，罗念生译，北京，人民文学出版社，2002。

［美］詹姆斯·麦克弗森：《林肯传》，田雷译，北京，中国政法大学出版社，2016。

Bruce A. VanSledright：*Assessing Historical Thinking and Understanding：Innovative Designs for New Standards*，Routledge，2013.

Bruce A. Lesh："*Why Won't You Just Tell Us the Answer?*"：*Teaching Historical Thinking in Grades 7－12*，Stenhouse Publishers，2011.

Donald A. Yerxa：*Recent Themes in Historical Thinking*，the University of south Carolina Press，2008.

Kadriye Ercikan，Peter Seixas：*New Directions in Assessing Historical Thinking*，Routledge，2015.

Peter N. Stearns，Peter Seixas，Sam Wineburg：*Knowing，Teaching and Learning History：National and International Perspectives*，New York University Press，2000.

Nikki Mandell，Bobbie Malone：*Thinking Like a Historian：Rethinking History Instruction*，Wisconsin Historical Society Press，2008.

Robert Stover：*The Nature of Historical Thinking*，The University of North Carolina Press，2012.

Sam Wineburg：*Historical Thinking and Other Unnatural Acts*，Temple University Press，2001。

Stephane Levesque：*Thinking Historically：Educating Students in the Twenty-First Century*，University of Toronto Press，2008.

二、论文

陈新民：《"神入"在英美两国历史教学中的运用》，载《全球教育展望》，2010(5)。

陈伟璧：《萨姆·温伯格的历史教育理念及其启示》，载《中学历史教学》，2008(11)。

曹祺：《理解"证据"：来自英国历史教学的经验与启示》，载《中学历史教学参考》，2017(8)。

曹家鹜：《思维·思维能力·历史思维能力》，载《中学历史教学参考》，1995(12)。

崔春红：《陈启沅：开启民族工业之门》，载《现代工业经济和信息化》，2013(7)。

冯丽：《加拿大历史思维项目辨析》，新疆师范大学硕士学位论文，2014。

《联合国教科文组织发布"教育2030行动框架"描画全球未来教育的模样》，胡佳佳、吴海鸥译，载《中国教育报》，2015-11-15。

何成刚、沈为慧：《史学阅读与史料教学》，载《历史教学(中学版)》，2016(11)。

何成刚：《历史核心素养的提炼与培养》，载《历史教学(中学版)》，2016(6)。

何河：《论历史学科能力的本质和特征》，载《广东教育学院学报》，1998(3)。

贺云翱：《博物馆"讲述难以言说的历史"与考古学有关》，载《大众考古》，2017(4)。

黄希庭：《改革开放30年中国心理学的发展》，载《心理科学》，2009(1)。

黄伟、张民选：《来自〈美国学科能力表现标准〉的观照：我国课程标准的建设亟待加强》，载《外国中小学教育》，2008(3)。

姬秉新：《谈历史课程标准较之历史教学大纲的发展》，载《历史教学》，2003(3)。

林崇德：《思维是一个系统的结构》，载《宁波大学学报(教育科学版)》，2006(5)。

李学敏、张晓静、范英军：《基于史料阅读能力层次标准的考生水平评价及教学建议——以2017年高考文综历史(天津卷)为例》，载《考试研究》，2017(6)。

李凤、李彩丽：《历史思维能力培养与训练实验报告》，载《历史教学》，1998(5)。

李东朗：《张学良、蒋介石与"九一八"事变时的不抵抗主义——基于张学良回忆的讨论》，载《史学集刊》，2017(1)。

刘汝明：《中学历史课堂提问研究综述》，载《中学历史教学参考》，2016(6)。

刘维开：《蒋中正的东北经验与九一八事变的应变作为——兼论所谓"铣电"及"蒋张会面说"》，见中国社会科学院中日历史研究中心编：《九一八事变与近代中日关系——九一八事变70周年国际学术讨论会论文集》，434～435页，北京，社会科学文献出版社，2004。

孟钟捷：《历史思维素质培养的深度与广度——来自德国的经验》，载《历史教学(中学版)》，2011(10)。

聂幼犁、於以传：《中学历史课程研究性学习理论与目标纲要(讨论稿)》，载《历史教学》，2003(4)。

钱穆：《中国今日所需要之新史学与新史学家》，载《思想与时代》，1943(18)。

钱学森：《关于教育科学的基础理论》，载《高教战线》，1985(1)。

钱茂伟：《公众史学：与公众相关联的史学体系》，载《人民日报》，2016-02-22。

孙立田、任世江：《论历史思维能力的分类体系》，载《历史教学》(中学版)，2014(11)。

孙进：《思考历史而不是背诵历史——德国历史教育的启示》，载《光明日报》，2017-07-26。

汪朝光：《也谈如何评价蒋介石》，载《北京日报》，2011-09-26。

王雄：《历史的理解与理解历史——历史教学培养学生历史思维能力试探》，载《中学历史教学参考》，1995(9)。

王雄：《培养发展历史思维能力的整体教学策略实验》，载《中学历史教学参考》，1995(11)。

魏赢乐：《美国初中历史教科书编写特色探究——以"新航路开辟"一课为例》，首都师范大学硕士学位论文2013。

吴怀祺：《历史观、历史思维与安邦兴邦》，载《史学史研究》，2007(2)。

薛纪国、张汉林：《关于学生历史学习问题转化为课程资源的实践研究》，载《中学历史教学参考》，2007(9)。

杨天石：《找寻真实的蒋介石：蒋介石日记解读1》，载《北京青年报》，2015-10-16。

于勇、高珊：《美国大学生批判性思维培养模式及启示》，载《现代大学教育》，2017(4)。

周建定：《秦始皇的困惑》，载《中学政史地(七年级)》，2007(1)。

张汉林：《历史教学的三层对话模式》，载《中小学教材教学》，2017(3)。

张汉林：《鸦片战争中国失败原因的三种问法——基于三维目标视野的分析》，载《中学历史教学参考》，2008(1)。

张静、张桂芳、朱尔澄：《对历史思维实验教学的探索》，载《历史教学》，1993(2)。

张静轩：《关于高中历史史料教学现状的调查与分析》，载《历史教学》(上半月刊)，2007(8)。

张志建：《南海早期的民族工业——继昌隆缫丝厂》，载《历史教学》，1986(1)。

张宝琬：《中学历史教学如何培养学生的能力》，载《课程·教材·教法》，1982(3)。

赵亚夫：《追寻历史教育的本义——兼论历史课程标准的功能》，载《课程·教材·教法》，2004(3)。

赵亚夫：《以"理解"为中心的历史学习》，载《历史教学问题》，2002(5)。

赵亚夫：《历史教学目标刍议二：怎样理解能力目标》，载《历史教学(上半月刊)》，2007(6)。

赵亚夫：《批判性思维决定历史教学的质量》，载《课程·教材·教法》，2013(2)。

赵亚夫讲授，徐赐成、刘红梅整理：《历史教学设计的流程、诊断与策略(第八讲上)》，载《中学历史教学参考》，2015(4)。

赵亚夫：《美国学者眼中的历史思维及其对我们的启示》，载《历史教学(上半月刊)》，2011(4)。

赵恒烈：《论历史思维和历史思维能力》，载《历史教学》，1994(10)。

钟启泉、安桂清：《怎样理解〈历史课程标准〉——华东师范大学钟启泉教授访谈》，载《历史教学》，2005(8)。

钟启泉：《"三维目标"论》，载《教育研究》，2011(9)。

《中国学生发展核心素养》，载《中国教育报》，2016-09-14。

朱小蔓：《重视对情感能力的培养》，载《上海教育科研》，1993(3)。

郑流爱：《关注历史知识、历史思维与历史理解——英国"新历史科"探析》，载《全球教育展望》，2007(3)。

《(美国)历史学科教学的专业发展基准》，郑流爱译，载《历史教学》，2004(12)。

曾国华、于莉莉：《专访佐藤学："学习是相遇与对话"》，载《中小学管理》，2013(1)。

周发增：《评荐〈历史思维能力研究〉——纪念赵恒烈教授逝世一周年》，载《中学历史教学参考》，2000(10)。

[英]艾什比：《历史课堂的史料教学》，刘城译，《清华历史教学》，1993(2)。

[英]彼得·李：《儿童学习历史的进程》，周孟玲译，载《清华历史教学》，1994(3)。

[英]狄更逊：《理性的理解历史与历史教学》，周孟玲译，载《清华历史教学》，1996(6)。

[英]Denis Shemit：《英国学生对历史因果解释的理解进程》，洪静宜译，载《清华历史教学》，2011(21)。

[英]Frances Blow：《英国学生对历史变迁与发展的理解进程》，萧忆梅摘译，载《清华历史教学》，2011(21)。

[美]弗雷德瑞克·德雷克、莎拉德·雷克布朗：《三次序材料教学法(之二)：一个改善学生历史思维能力的系统方法》，陈伟壁译，载《中学历史教学》，2008(9)。

[韩]宋相宪：《历史教育的本质》，载《中学历史教学参考》，2017(12)。

[英]汤普森：《理解过去：程序和内容》，叶小兵译，载《清华历史教学》，1996(7)。

〔德〕约恩·吕森：《跨越文化的界限：如何理解中国与西方的历史思维?》，张文涛译，载《史学理论研究》，2013(2)。

〔德〕约恩·吕森：《历史思考中的情感力量》，刘莉莎、李秀敏译，载《山东社会科学》，2010(9)。

三、课程标准和教科书

课程教材研究所编：《20 世纪中国中小学课程标准·教学大纲汇编历史卷》，北京，人民教育出版社，2001。

中华人民共和国教育部：《全日制义务教育历史课程标准（实验稿）》，北京，北京师范大学出版社，2001。

中华人民共和国教育部：《义务教育历史课程标准（2011 年版）》，北京，北京师范大学出版社，2011。

中华人民共和国教育部：《普通高中历史课程标准（实验）》，北京，人民教育出版社，2003。

中华人民共和国教育部：《普通高中历史课程标准（2017 年版 2020 年修订）》，北京，人民教育出版社，2020。

课程教材研究所、历史课程教材研究开发中心：《义务教育课程标准实验教科书　中国历史》《义务教育课程标准实验教科书　世界历史》，北京，人民教育出版社，2006。

人民教育出版社、课程教材研究所、历史课程教材研究开发中心：《普通高中课程标准实验教科书　历史》(必修 1、2、3)，北京，人民教育出版社，2007。

Ben Walsh：*Essential modern world history*，Hodder Education，2002.

Wheeler，Becker，Glover：*Discovering the American Past：A Look at the Evidenc*e，Cengage Learning，2012.

四、网站

美国加州大学洛杉矶分校国家学校历史教育中心网站：https://phi.history.ucla.edu/nchs/historical-thinking-standards。

加拿大历史思维项目网站：http://www. historicalthinking. ca/ sites/default/files/files/docs/Framework_EN。

美国各州共同核心标准网站：http://www. corestandards. org/ about-the-standards/development-process。

南佛罗里达大学教育学院教育技术中心网站：http://etc. usf. edu/ lit2go/133/historic-american-documents/4958/the-emancipation-procla-mation。

后　记

　　人是会思考的动物，思考是其本能。经过思考，人们与世界上的各种事物就建立起联系，事物对于人来说就有了意义，"我们会成为什么样的人取决于我们的思考方式和思考内容"①。但是，人并非天生就有清晰的、逻辑的、审慎的思维。这是因为，人是社会的人，总是生存于特定的时代、地域和家庭之中，身处有着特定的文化、信仰和价值观的群体之中，在耳濡目染中，形成思维定式。故此，要成为一个优秀的思考者，人们必须经过长期的艰苦训练，而这个任务首先应由学校教育来承担，各个学科都应为此做出自己的贡献。

　　就其本质而言，"历史是人们学会思考和行动，提升人们的教养，特别是关怀人们的身心自由的学科"②。在历史学习中，学生搜求材料、确认事实、谨慎推理、论证解释，碰到互相矛盾的材料要善于提出问题，遇到互相竞争的诠释要能够确定意义，运用证据与逻辑（而非情感与立场）去说服自己相信什么及为何相信，从而做一位善于独立思考和能担责任的合格公民。简言之，发展学生的历史思维能力是历史教育的必然担当。

　　发展学生的历史思维能力不仅是中学历史教师的职责，亦是历史学专家、历史教育学专家、历史课程标准制定专家、历史教科书编写专家、考试评价专家及其他关心历史教育的人所共同关注的问题。这就意味着，历史思维能力研究不仅牵涉主体多元，而且关涉问题极广，如历史课程标准、历史教科书、历史学习、历史教学、历史学业评价、历史教师培训等。本书所要解决的，是历史思维能力研究问题群中最为核心的问题，即历史思维能力是什么及如何经由历史教学得以发展，其他相

---

　　① ［美］加里·R. 卡比、杰弗里·古德帕斯特：《思维：批判性和创造性思维的跨学科研究》，韩广忠译，4页，北京，中国人民大学出版社，2010。

　　② 赵亚夫：《追寻历史教育的本义——兼论历史课程标准的功能》，载《课程·教材·教法》，2004(3)。

关问题均是由此派生出来的。作为历史教育的核心命题，历史思维能力已经是并将长期是历史教育研究的热点问题。但相较于百余年的历史教育，历史思维能力研究还只是一个新生儿，还有很长的路要走。在本书关注的视角之外，仍存在一些亟待学界关注与解决的研究难题，比如，如何测量与评价中学生的历史思维能力，如何对教师进行历史思维素养的培训，如何针对初高中的差异提出水平适宜的历史思维能力的要求，历史教科书如何变身为"学材"以启迪学生的历史思维。为解决这些问题，迫切需要创新机制，建立学术共同体。学术共同体的基本成员应包括历史学专家、历史教育学专家、历史课程标准专家、历史教科书专家、考试评价专家、中学历史教师、教师培训专家等。历史思维能力是一个综合性的研究课题，任何画地为牢的做法都是不可取的。为此，历史思维能力研究应该敞开大门，推动相关各方开展合作研究，使关心历史教育的各种力量能够形成合力，助力中学生历史思维能力的发展；各种研究人员应扎根于中学，联合一线教师开展实证研究，使学术研究和教学实践相得益彰，切实推动中学生历史思维能力的发展。

本书是在我的博士学位论文的基础上修订而成的。在论文写作的过程中，我得到了导师赵亚夫先生和郝春文先生的悉心指导。初识赵先生是在 2006 年年末，自此便一直亲炙先生的教诲；美中不足的是，虽然那几年中我在事实上享受着弟子待遇，但终究没有名分。几年前，我有幸正式成为赵先生的入室弟子，终于如愿以偿。先生做学问格局大，使命感强，密切关注全球历史教育的发展方向，并默默地为我国历史教育学的发展植根培基。本书以历史思维能力为题，就是先生所规划的历史教育学系列基础研究之一。在我写作的过程中，先生耳提面命，大至谋篇布局，小至标点符号，无不倾心指导，令我铭记于心。我的另一位导师郝春文先生是著名的历史学家。我能任教于首都师范大学，是先生着眼于学院的合理布局和长远发展而不拘一格、"面折廷争"的结果。先生是著名的敦煌学研究权威，虽不涉足历史教育，但对于我的学业和工作，一向非常关心。先生每年都要仔细批阅我的一篇论文，对我的博士学位论文更是倾注了大量心血。先生从历史学家的角度提出的建议，往往是我思虑不到的，常让我感到受益匪浅。拥有两位导师，是我最大的幸运。环顾国内，拥有这种优厚待遇的，怕也是寥寥无几吧。如果本书有可取之处，那是得益于两位先生的指导；当然，其中不足之处，是我鲁钝不敏，责任自负。

最后，感谢首都师范大学教师教育学院田国秀院长的大力支持，慷慨给予本书出版资助。感谢北京师范大学出版集团李雪洁副总经理和徐杰编辑为本书的出版付出的艰辛和努力。

张汉林

2022 年 9 月